アクティブラーニング・シリーズ 3

アクティブラーニングの評価

松下佳代・石井英真=編

東信堂

アクティブラーニング・シリーズの刊行にあたって
[全7巻]

監修者　溝上　慎一

　2014年末に前下村文科大臣から中央教育審議会へ諮問が出され、初中等教育の次期学習指導要領改訂のポイントとしてアクティブラーニングが示された。いまやアクティブラーニングは、小学校から大学までの全学校教育段階の教育を、「教えるから学ぶへ(from teaching to learning)」のパラダイム転換へと導くとともに、学校から仕事・社会のトランジションはじめ、生涯にわたり成長を促す、巨大な思想を含み込んだ学習論となっている。

　英語のactive learningを「能動的学習」「主体的な学び」などと訳したのでは、40年近くこれらの用語を日常的に用いてきた日本の教育関係者にとって決して響くものにはならないだろうと考え、思い切ってカタカナにした。2010年頃のことだった。能動的学習、主体的な学びを用いて再定義、意義を主唱するには、示すべき新しい事柄があまりにも多すぎると感じられたからである(この経緯は、私の前著『アクティブラーニングと教授学習パラダイムの転換』(東信堂、2014年)に書いている)。

　一部の大学で草の根運動的に広まってきたアクティブラーニングが、ここまでの展開を見せるに至ったのには、日本の教育を見つめ、私たちと問題意識を共有するに至った河合塾教育研究開発本部の取り組みがあったこともあげておきたい。

　この用語が、ここまでの展開に繋がるとは当時考えていなかったが、それにしてもこの1年、いい加減なアクティブラーニングの本や解説書が次々刊行され、現場を混乱させていることに私は社会的責任を感じている。少しでも理に適ったアクティブラーニングのガイドブックを教育関係者に届けたいと思い、今後の小中学校への導入も予期しつつ、すでに実際に授業に取り組んでいる高校・大学の先生方を対象に本シリーズの編纂を考えた次第である。

本シリーズでは、文部科学省の「アクティブ・ラーニング」ではなく、監修者の用語である「アクティブラーニング」で用語統一をしている。第4巻で、政府の施策との関連を論じているので、関心のある方は読んでいただければ幸いである。また、アクティブラーニングの定義やそこから派生する細かな意義については、監修者のそれを各巻の編者・執筆者に押しつけず、それぞれの理解に委ねている。ここは監修者としては不可侵領域である。包括的用語(umbrella term)としてのアクティブラーニングの特徴がこういうところにも表れる。それでも、「講義一辺倒の授業を脱却する」というアクティブラーニングの基本的文脈を外している者はいないので、そこから先の定義等の異同は、読者の受け取り方にお任せする以外はない。

　「協同」「協働」については、あえてシリーズ全体で統一をはかっていない。とくに「協同(cooperation)」は、協同学習の専門家が長年使ってきた専門用語であり、政府が施策用語として用いている、中立的で広い意味での「協働」とは厳密に区別されるものである。各巻の執筆者の中には、自覚的に「協働」ではなく「協同」を用いている者もおり、この用語の異同についても、監修者としては不可侵領域であったことを述べておく。

　いずれにしても、アクティブラーニングは、小学校から大学までの全学校教育のパラダイムを転換させる、巨大な思想を含み込んだ学習論である。この用語を入り口にして、本シリーズがこれからの社会を生きる生徒・学生に新たな未来を拓く一助となれば幸いである。

第1巻『アクティブラーニングの技法・授業デザイン』(安永・関田・水野編)
第2巻『アクティブラーニングとしてのPBLと探究的な学習』(溝上・成田編)
第3巻『アクティブラーニングの評価』(松下・石井編)
第4巻『高等学校におけるアクティブラーニング：理論編』(溝上編)
第5巻『高等学校におけるアクティブラーニング：事例編』(溝上編)
第6巻『アクティブラーニングをどう始めるか』(成田著)
第7巻『失敗事例から学ぶ大学でのアクティブラーニング』(亀倉著)

第3巻　はじめに

　次期学習指導要領改訂に向けた議論の中で、「アクティブラーニング」というキーワードが提起され、アクティブラーニングという視点で授業をどう変えていけばよいのかが課題となっている。アクティブラーニングは、一方向的な知識伝達型から、相互作用的な知識構築型へと授業のあり方を問い直していく上での一つのアプローチと見ることができる。授業観の転換は、そうした新しい授業と学びを通して学習者に何が育ったのかという学習成果に関する議論も呼び起こす。この巻は、事例の紹介をベースにしながら、まさにこのアクティブラーニングの評価について扱っている。

　読者の中には、「評価」という言葉を聞いて、アクティブラーニングで定期テストの成績が上がるのか、思考力を評価するテストはどのようなものか、アクティブラーニングでの生徒たちの能動性をどう平常点として点数化するか、といった内容をイメージする人もいるかもしれない。まず確認しておきたいのは、「評価」と「評定」（成績づけ）とはイコールではないという点である。

　「指導と評価の一体化」などと言うまでもなく、生徒への教育的意図をもった指導を行う際には、それがうまくいったかどうかを確かめ改善につなげていく思考が多かれ少なかれ働いているものだろう。指導の過程において、何らかの形で「評価」的な思考は内在しているのである。

　そうした評価的な思考を意識化するとともに、すべての学習者に保障すべき教育目標について、思考力・判断力・表現力のように「見えにくい学力」も含め、その実現をめざして学びの過程や成果を可視化する工夫をしていくのが「評価」という営みである。そして、「評価」行為を通じて得られた情報の核となる部分を、外部への証明や選抜の資料としていくために成績づけや判定

を行うことが「評定」である。また、「評価」にしても「評定」にしても、必ずしも量的に数値化する必要はなく、文章記述などによる質的な表現を用いることもできる。

　本書の各章では、もちろん評定や数値化につながる部分も扱いつつ、広く教育実践の中に埋め込まれた評価の様相についても検討がなされている。そこからは、アクティブラーニングの評価について問うことは、何のためのアクティブラーニングなのか、アクティブラーニングを通してどのような資質・能力を育てるのかという、教育目的・目標論を問うことなのだということが見えてくるだろう。そして、目標と評価を問うことによってこそ、アクティブラーニングが、ただアクティブな授業（活動主義）に陥る傾向を是正し、それを学習者の確かな育ちを保障するものとしていくこともできるだろう。

　本書が、アクティブラーニングの評価についての具体的な指針となるとともに、「評価」概念そのものへのイメージを豊かにするものとなることも期待している。

　　　　　　　　　　　　　　　　　　編者を代表して　　石井 英真

シリーズ第3巻
アクティブラーニングの評価／目次

アクティブラーニング・シリーズの刊行にあたって ……………… i
第3巻　はじめに ……………………………………………………… iii

第1章　アクティブラーニングをどう評価するか
　　　　　　　　　　　　　　　　　　　　　　　　　　3
　　　　　　　　　　　　　　　　松下　佳代

第1節　アクティブラーニングを評価するということ ……………… 3
　(1) アクティブラーニングへの注目……3
　(2) 何のためのアクティブラーニング？……4
第2節　目標としての能力——能力をどう捉えるか ………………… 5
　(1)〈新しい能力〉と「学力の三要素」………5
　(2) 能力の三軸構造と階層性………6
　(3) アクティブラーニングの目標とする能力………9
第3節　アクティブラーニングの評価の枠組み …………………… 11
　(1) アクティブラーニングの評価の論点………11
　(2) 学習評価の構図………16
　(3) 学習評価の4つのタイプ………18
第4節　おわりに——評価のジレンマをこえて …………………… 21
まとめ ………………………………………………………………… 23
●さらに学びたい人に ……………………………………………… 24

第2章　初年次教育におけるレポート評価　26
小野　和宏・松下　佳代

第1節　学習成果への注目とアクティブラーニングにおける
　　　　評価の問題 ……………………………………………… 26
第2節　初年次教育としての「大学学習法」とパフォーマンス評価　28
　（1）「大学学習法」という科目………28
　（2）ルーブリックを用いたレポート評価………29
第3節　実践からみえてきた評価のポイント ………………… 32
　（1）レポート課題の選択………32
　（2）ルーブリックの作成と学生への提示の是非………34
　（3）評価の信頼性と教員の評価負担　………35
第4節　学生を成長させる評価を目指して …………………… 40
まとめ ………………………………………………………………… 41
●さらに学びたい人に ……………………………………………… 42

第3章　教員養成におけるポートフォリオ評価　44
石井　英真

第1節　京都大学の教員養成におけるポートフォリオ実践の背景　44
　（1）実践的指導力をめざす教員養成改革の展開と
　　　「教職実践演習」の導入………44
　（2）教員養成における学びとアクティブラーニング………45
第2節　京都大学における教員養成カリキュラムの特徴……………… 47
　（1）教職課程ポートフォリオを軸にした

カリキュラムの体系化………47
　（2）教師に求められる力量の5つの柱………49
　（3）研究型総合大学における教員養成のヴィジョン………51
第3節　京都大学における教職課程ポートフォリオの取り組み…53
　（1）教職課程ポートフォリオの構成………53
　（2）ポートフォリオをもとにした学びの振り返り………53
第4節　おわりに……………………………………………………65
まとめ ………………………………………………………………67
●さらに学びたい人に ………………………………………………68

第4章　英語科におけるパフォーマンス評価

田中　容子

第1節　英語科におけるパフォーマンス評価 ………………………69
　（1）パフォーマンス評価とは何か………70
　（2）多様なコース編成に共通する課題………70
　（3）私たちはなぜパフォーマンス評価を
　　　取り入れているのか………71
　（4）パフォーマンス評価はなぜ生徒に歓迎されるのか………74
第2節　パフォーマンス評価と授業 …………………………………85
　（1）パフォーマンス課題を授業課題として活かす………85
　（2）つまずきに注目しそれを乗り越える手立てを持つ………86
　（3）パフォーマンス評価とアクティブラーニング………90
まとめ ………………………………………………………………91
●さらに学びたい人に ………………………………………………92

第5章 総合的な学習の時間での探究的な学びとその評価

松井　孝夫 ──── 94

第1節　「総合的な学習の時間」の評価 ……………………………… 94
　(1)「総合的な学習の時間」とアクティブラーニングの関係………94
　(2)「総合的な学習の時間」の評価
　　　　──「目指す生徒像」と評価の課題………96
第2節　専門学科（尾瀬高校自然環境科）の取り組み ……………… 97
　(1) 自然環境科の概要………97
　(2) 自然環境科の教育目標………98
　(3) 自然環境科のカリキュラムと学び………99
　(4) 学習評価………102
　(5) 取り組みの成果………105
第3節　「総合的な学習の時間」の課題とその解決に向けて ……… 107
　(1)「総合的な学習の時間」の課題………107
　(2) 教科と連動する尾瀬高校「地域活性化プロジェクト」………108
　(3) 中学校と連携する中央中等教育学校
　　　「地球市民育成プロジェクト」………111
　(4) さまざまな連携・連動………112
まとめ ……………………………………………………………………… 113
●さらに学びたい人に ……………………………………………………… 114

第6章 育てたい生徒像にもとづく学校ぐるみのアクティブラーニングとその評価 ……115

下町　壽男

第1節　はじめに
　　　　──学校としてアクティブラーニングに踏み出す前に ……… 115
　　（1）アクティブラーニングとキャリア教育の類似性………115
　　（2）アクティブラーニングと工夫された授業
　　　　とはどう違うのか………116
第2節　アクティブラーニングの評価について ……………………… 117
　　（1）つけたい力を評価するための可視化………117
　　（2）アクティブラーニングの推進体制・実施計画の評価………119
第3節　盛岡三高の「参加型授業」の取組 ………………………… 120
　　（1）「参加型授業」が始まった経緯………120
　　（2）「盛岡三高参加型授業」の平成26年度の主な取組………123
第4節　盛岡三高の「参加型授業」の評価 ………………………… 125
　　（1）個々の授業の中での学習評価の工夫………125
　　（2）生徒の授業アンケートによる授業評価………129
　　（3）「参加型授業」推進の取組の評価………130
　　（4）「参加型授業」総体として生徒が
　　　　どう変貌したかの評価………132
第5節　おわりに──生徒の成績評価に溺れないために …………… 133
　　まとめ ……………………………………………………………… 135
　　●さらに学びたい人に ……………………………………………… 136

あとがき ……………………………………………………………………… 137
索　引 ……………………………………………………………………… 139
執筆者紹介 ………………………………………………………………… 144

シリーズ第３巻

アクティブラーニングの評価

第1章 アクティブラーニングをどう評価するか

松下　佳代（京都大学）

　ディスカッションやグループワーク、プレゼンなどいろいろな手法を取り入れてアクティブラーニングをやってはみたが、評価の段階になって、さてどのように評価したらいいのかと戸惑う教員は少なくない。授業方法はアクティブラーニングになっても、評定（成績づけ）のための評価は相変わらず従来通りのテストという場合もある。

　アクティブラーニングの評価について考えることは、何のためのアクティブラーニングかを問い直すことにつながる。

　本章では、アクティブラーニングがどんな目標に対して用いられる方法なのかを考えながら、アクティブラーニングの評価のための枠組みを提案することにしよう。

第1節　アクティブラーニングを評価するということ

(1) アクティブラーニングへの注目

　「アクティブラーニング（active learning）」は、「学生にある物事を行わせ、行っている物事について考えさせること」(Bonwell & Eison, 1991)を促す教授・学習法を言い表すために、アメリカの大学で1980年代から使われ始めた言葉だ。

　日本では、2012年8月の中教審答申「新たな未来を築くための大学教育の質的転換に向けて」（いわゆる「質的転換答申」）や2014年11月の中教審答申「新

しい時代にふさわしい高大接続の実現に向けた高等学校教育、大学教育、大学入学者選抜の一体的改革について」(いわゆる「高大接続答申」)、さらには次期学習指導要領に向けた審議(2014年11月の中教審への諮問や2015年8月の「論点整理」など)の中で、教育改革を進めるための学習・指導方法として強く推奨されたことにより、この1、2年、一気に教育現場に普及しつつある。

アクティブラーニングは、質的転換答申では、「教員による一方向的な講義形式の教育とは異なり、学修者の能動的な学修への参加を取り入れた教授・学習法の総称」、諮問や高大接続答申などでは「課題の発見と解決に向けて主体的・協働的に学ぶ学習」と定義されている[1]。このように、「アクティブラーニング」は、まずは大学教育における一方向的な講義形式の授業に対置されるものとして導入され、課題の発見・解決に向けた主体的・協働的な学習・指導方法を表わす言葉として、初等中等教育にも拡張して用いられるに至っている。本章では、シンプルに、「学習者が活動への能動的な参加とその省察を通じて学ぶよう促す学習・指導方法の総称」としておく。この言葉の用いられる広い範囲をカバーし、また、「能動的な参加」とは何か、「活動」とはどんな構造やプロセスからなるのかを吟味しながら用いるためである。

(2) 何のためのアクティブラーニング？

ここであらためて確認しておきたいのは、アクティブラーニングは、現在の教育改革のキーワードであるとしても、あくまで教授・学習の〈方法〉にすぎないということである。では、その〈目標〉は何なのか。

教授・学習のプロセスは、〈目標―内容―方法―評価〉という構成要素から成り立っており、これらの構成要素の間には緊密なつながりがあるということが、とりわけ近年、強調されるようになってきた。このような考え方は、20世紀半ばの「タイラー原理」[2]にまでさかのぼるが、イギリスの高等教育研究者であるビッグズら(Biggs & Tang, 2011)は、同様の考え方を、現代の学習論のもとで、「構成主義的整合性(constructive alignment)」として概念化している。構成主義的整合性というのは、学習とは学習者が知識を能動的に構成す

ることであるという構成主義の学習観に立って、〈目標(意図された学習成果)―教授・学習活動―評価〉を連動させようという考え方である。

現在、日本の教育改革の中で求められているアクティブラーニングは、このような〈目標―内容―方法―評価〉のつながりの中に位置づけられた〈方法〉であることに注意しよう。アクティブラーニングの〈評価〉も、このつながりの中で行われることになる。

本章では以上のような視角から、アクティブラーニングを通じて学んだこと・教えたことについての評価の枠組みを提案することにしたい。なお、一般に、評価は、学習についての評価(学習評価)と教育についての評価(教育評価[3])からなるが、本章では主として学習評価について議論することとする。

第2節　目標としての能力——能力をどう捉えるか

(1)〈新しい能力〉と「学力の三要素」

アクティブラーニングは、何を目標として(生徒・学生に何を身につけさせようとして)、行われるのか。

1990年代以降、グローバル化、情報化、流動化、リスク化、個人化といった後期近代の特徴が一般の人々の目にも顕わになる中、世界各国で、さまざまな能力が教育目標として提唱され、評価対象とされるようになってきた。このような後期近代において求められるようになった能力を、私は〈新しい能力〉と呼んでいる(松下編, 2010)。

この流れの中で再定義された学力概念が、2007年の改正学校教育法(第30条第2項)で示された、いわゆる「学力の三要素」である。これは、〈1〉基礎的な知識及び技能、〈2〉これらを活用して課題を解決するために必要な思考力、判断力、表現力その他の能力、〈3〉主体的に学習に取り組む態度、からなる。

学力の三要素は、改正学校教育法では小学校から高校までをカバーするものとされているが、高大接続答申において、大学までを含む「一体的な改革」のもとでの教育目標として位置づけられることになった。また、その内容

も、(i)「主体性を持って多様な人々と協働して学ぶ態度(主体性・多様性・協働性)」、(ii)その基盤となる「知識・技能を活用して、自ら課題を発見しその解決に向けて探究し、成果等を表現するために必要な思考力・判断力・表現力等の能力」、(iii)さらにその基礎となる「知識・技能」へと捉え直されている。もとの三要素と比べると、協働性が態度の中に組み込まれ、〈態度－能力－知識・技能〉という学力の三層構造が明確になっていることが見てとれる。

その後の学習指導要領改訂や高大接続の議論は、この路線にそって進められている。第1節であげたアクティブラーニングの定義(「課題の発見と解決に向けて主体的・協働的に学ぶ学習」)と照らし合わせてみれば、アクティブラーニングが、目標としての「学力の三要素」——とりわけ(i)と(ii)——を具体化するための方法と考えられていることがよくわかる。

(2) 能力の三軸構造と階層性
①能力の三軸構造

本書の各章で描かれた取り組みでは、こうした政策動向を視野に入れつつも、それらを再構成しながら、自分の高校・大学のカリキュラムや授業を通じて、生徒・学生に何を身につけさせたいか、どんな人間になってほしいかという観点から、それぞれの目標が設定されている。

めまぐるしい改革に翻弄されずに、実践者が自らそのような再構成を行う際の理論的土台となることを願って、ここで学び(学習)との関係という視点から、能力を理論的に整理しておこう。

大学教育より一足早く、初等中等教育で、「教えから学びへの転換」ということが言われ始めた1990年代前半に、佐藤(1995)は、学びを〈学習者と対象世界との関係、学習者と他者との関係、学習者と彼／彼女自身(自己)との関係、という3つの関係を編み直す実践〉と定義し、めざすべき学びの姿を「活動的で協同的で反省的な学び」と表現した。この学びの捉え方は、今日のアクティブラーニングを先取りしたものといってよい。

学びがこのように捉えられるとすれば、そのような学びの積み重ねによっ

て形成される能力も、対象世界との関係、他者との関係、自己との関係という3つの軸によって捉えることができるだろう。これを「能力の三軸構造」と呼ぼう。

表1-1 能力の三軸構造

	〈カテゴリー1〉 対象世界との関係 （認知的側面）	〈カテゴリー2〉 他者との関係 （社会的側面）	〈カテゴリー3〉 自己との関係 （情意的側面）
キー・コンピテンシー （OECD-DeSeCo）	道具を相互作用的に用いる	異質な人々からなる集団で関わりあう	自律的に行動する
21世紀型コンピテンシー （NRC）	認知的コンピテンシー	対人的コンピテンシー	自己内コンピテンシー

　実際、〈新しい能力〉の中でもとりわけ影響力が大きく、私たちにとっても参考になると思われるOECD-DeSeCoの「キー・コンピテンシー」(OECD, 2005)や全米研究評議会(National Research Council)の「21世紀型コンピテンシー」(NRC, 2012)において、能力はそのような構造を持つものとして考えられている(表1-1を参照)。「他者との関係(社会的側面)」には、協働性以外に、対立・葛藤の調停といった関係性も含まれるし、そこでは、態度だけでなく知識・スキルや能力も必要となる。また、「自己との関係(情意的側面)」には、自分の認知について知ること(メタ認知)や自分の意見を表明することなどが組み込まれている。

　②能力の階層性
　もう一つの軸である「対象世界との関係(認知的側面)」は、能力の中でもとくに学力において中心となるカテゴリーである。私は、アクティブラーニングが単に外から見て活発な学習というだけで終わらないためには、学習の方法上の工夫にとどまらず、学習の質や内容にも焦点もあてた「ディープ・アクティブラーニング」となるべきであると考えている(松下他編, 2015)。

ディープ・アクティブラーニングとは、〈生徒・学生が他者と関わりながら、対象世界を深く学び、自分のこれまでの知識や経験と結びつけると同時にこれからの人生につなげていけるような学習〉のことを意味している。そのようなディープ・アクティブラーニングを実現しようとした場合、とくに「対象世界との関係」では、深さを表わす軸をいかに組み込むかが重要になってくる。

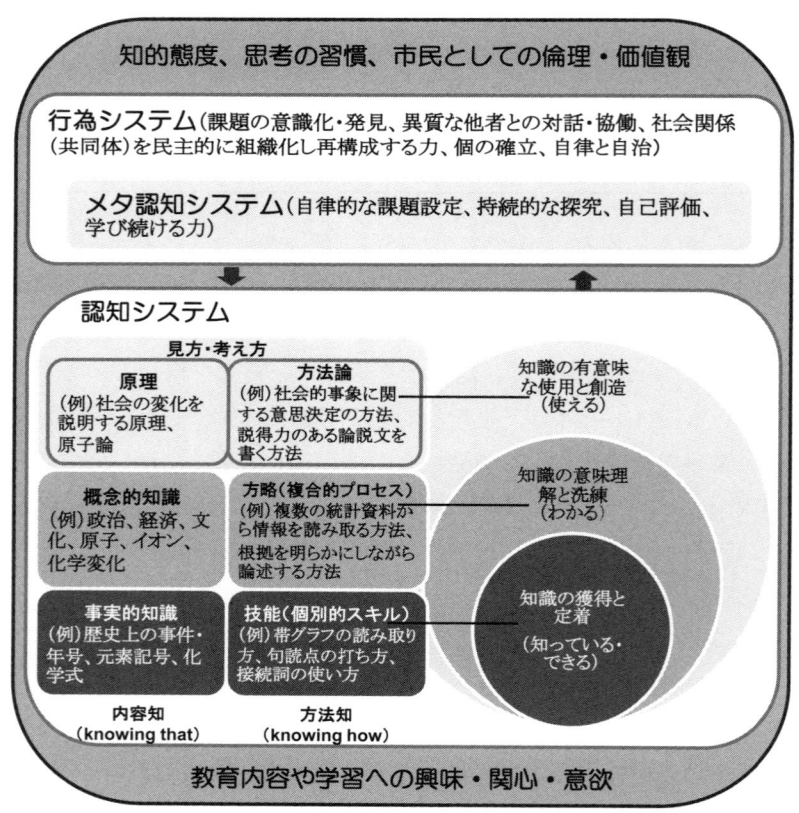

図 1-1　学校で育てる能力の階層性

*石井（2015, 22頁）より、著者の許可を得て一部抜粋。

本書第3章の執筆者でもある石井英真は、学校で育てる能力の階層性を図1-1のように描き出している(石井, 2015)。ここには、二重の階層性が見てとれよう。まず、「認知システム」は、〈知識の獲得と定着(知っている・できる)－知識の意味理解と洗練(わかる)－知識の有意味な使用と創造(使える)〉という三層構造で描かれ、それに対応して、知識(内容知)とスキル(方法知)も3つのレベルで表されている。この垂直軸は、上に行くほど高次になる。認知的に高次であることは必ずしも学びの深さを保障するものではない。しかし、「知識の有意味な使用と創造(使える)」レベルの学習は、現実世界(生活)と学問世界(科学)との間のダイナミックな往復のある学習であることによって、知識のわかり直しや総合化を促し、学びの深さにつながりうる。つまり、三層構造における垂直軸は、高次化の軸であると同時に深化の軸でもありうるのである。高次化と深化を統一するような学習がめざされる必要がある。

　もう一つの階層性は、「認知システム」「行為システム(メタ認知システムを含む)」とその背後に置かれた情意的・人格的な要素である。石井によれば、これらは、「内容や活動への興味・関心・意欲に支えられつつ、知的態度、思考の習慣、市民としての倫理・価値観などによって方向づけられながら、認知的な学習や自律的な探究や自治的・協働的な活動が遂行され、またそれが情意に影響を与えるという相互関係」(石井, 2015, 25頁)を示している。

(3) アクティブラーニングの目標とする能力

　以上見てきたように、本章では、能力を三軸構造と二重の階層性によって捉えている。このように整理しておくことは、アクティブラーニングの場合、従来の教授・学習法以上に重要性を持つことになる。なぜなら、アクティブラーニングを通じて身につけさせようとするもの(目標)は、認知システムにとどまらず、三軸構造と二重の階層性によって描き出された能力全体に及んでいるからだ。

　冒頭であげたボンウェルとアイソン(Bonwell & Eison, 1991)は、アクティブラーニングの特徴として以下の点をあげている。

(a) 学生は、授業を聴く以上の関わりをしていること
(b) 情報の伝達より学生のスキルの育成に重きが置かれていること
(c) 学生は高次の思考(分析、総合、評価)に関わっていること
(d) 学生は活動(例：読む、議論する、書く)に関与していること
(e) 学生が自分自身の態度や価値観を探究することに重きが置かれていること

このうち項目(b)(c)(e)を見れば、アクティブラーニングでは、高次の認知システム(内容知と方法知)と並んで、人格的・情意的要素の育成にも目が向けられていることがわかるだろう。本書の以下の章でも、外国語を通して自国を見る複数の視点(第4章)、自然との共生という価値観(第5章)、学問へのこだわりや学ぶことを楽しむ姿勢(第6章)などを生徒の中に育むことがめざされている[4]。

ところで、ここまで、アクティブラーニングを通じて身につけさせようとするものを「能力」の一語で語ってきた。「能力」は広狭さまざまに使われる、伸び縮みする概念である(図1-2を参照)。現在の教育政策用語で言えば、「知識・技能」と区別さ

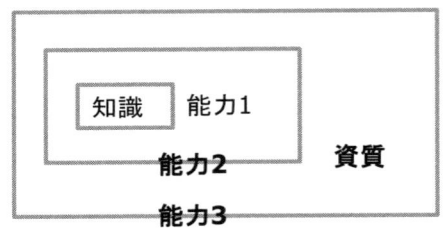

図1-2 「能力」の意味

れるときの「思考力・判断力・表現力などの能力」はこの図の能力1、「資質・能力」と称されるときの「能力」は能力2、「学力の三要素」というときの「学力(＝学校の教育課程で育てられる能力)」は能力3にあたる。本章では、主に知識や資質を含む最も広い意味(能力3)で使っている。これは、古代ギリシャ・ローマにまでさかのぼる「能力(competence)」の原義に近い使い方である。

アクティブラーニングを通じて身につけさせようとしている目標としての能力がどんなものであるかが明らかになったところで、次節では、いよいよアクティブラーニングの評価について考えていくことにしよう。

第3節　アクティブラーニングの評価の枠組み

(1) アクティブラーニングの評価の論点

一般に、評価においては、〈何を／誰が／いつ／どのように、評価するのか〉を考える必要がある。アクティブラーニングの場合にはどんな特徴が見られるだろうか。

①何を（評価対象）

第2節で述べたように、アクティブラーニングによって育成しようとするものは、三軸構造と二重の階層性によって描き出された能力全体に及んでいる。しかし、これらの能力のすべてが評価対象になるわけではないし、また、評価対象になる場合も、同じ方法で評価されるわけではない。目標と評価の間には整合性がなければならないが、だからといって、目標のすべてが同じように評価対象になるのではないのである。

(a) 認知システム

能力の階層性(**図1-1**)という点から見ると、教科(大学では専門や教養の授業科目)のアクティブラーニングでは、認知システムが主な評価対象になる。つまり、知識(内容知)・スキル(方法知)とそれを用いながら思考・判断・表現などを行う能力である。このうち、「知識の獲得と定着(知っている・できる)」や「知識の意味理解と洗練(わかる)」のレベルは、従来の客観テストや単純な実技テスト、文章題や簡単な論述問題などでも評価できる。だが、「知識の有意味な使用と創造(使える)」のレベルとなると、レポートや制作物、スピーチ・プレゼンや演奏・演技など、さまざまな知識やスキルを使って行われるような課題(後述の「パフォーマンス課題」)でないと、その能力を評価するのは難しい。

(b) メタ認知システム

同じ正課でも、総合学習(大学では卒業論文やPBL[5]など)では、さらに長期間にわたって、課題の設定、計画の立案・実行、成果の表現、省察など一連

の探究のプロセスを自律的に進めていくことが求められる。つまり、メタ認知システムの関与する度合いがより大きくなる。ここでは、同じパフォーマンス課題でも、学習者の自己決定・判断の裁量がより大きく、より多様な知識・スキルの統合が求められるような課題が適している。

(c) 人格的・情意的要素

これらのアクティブラーニングを通じて育まれる人格的・情意的要素(図1-1の「知的態度、思考の習慣、市民としての倫理・価値観」など)は、評価の対象になりうる。しかし、人格的・情意的要素の評価が、内心の自由への過度な介入になることを避けるためには、評定につながるような学習評価(総括的評価)ではなく、めざす生徒・学生像に近づいているかを教員側が確かめるための学習評価(形成的評価)や教育評価(授業評価、カリキュラム評価、学校評価)として行われるべきだろう。

② 誰が(評価主体)

アクティブラーニングの評価では、教員だけでなく、生徒・学生も評価主体になる。さらに、地域住民や実習フィールドの関係者などが評価に参加することもある。とりわけ重要なのは、生徒・学生自身が、ある時は自分(たち)の学習についての自己評価や相互評価という形で、またある時は自分たちの受けている教育の評価(授業評価、カリキュラム評価、学校評価)に評価主体として参加することである。

もっとも、評価者間の評価結果がいつも一致するとは限らない。たとえば、生徒・学生の自己評価と教員による評価がずれることはよくあることだ。そのような場合は、そのずれがなぜ生じたかを考えさせることも学習を深めるきっかけになる。

このように、生徒・学生自身の評価への参加は、メタ認知システムに関わる能力(自己学習能力や自己評価能力など)を育てる上で重要な働きをする。

③いつ（評価時期）

（a）診断的評価・形成的評価・総括的評価

「いつ評価するのか」についてふつう論じられるのは、診断的評価（一定の教育期間の初めに、学習者の状態を診断するための評価）、形成的評価（一定の教育期間の途中に、どの程度、目標に近づいているかを判断し、その後の進み方を考える手がかりを得るための評価）、総括的評価（一定の教育期間の終わりに、目標が達成されたかどうかを見るための評価）の区別である。説明からわかるように、この3つの評価の間には、時期の違いだけでなく機能の違いもある。

（b）アクティブラーニングのスパンの違い

アクティブラーニングは、1回の授業、1つの授業科目や単元、授業科目や単元の枠を越えたプログラムやカリキュラム全体といった異なるスパンで捉えることができる。本章の以下の章でも、たとえば、第2章は1授業科目、第4章は1教科・1単元でのアクティブラーニングの評価について述べているが、第3、5章は、教員養成や総合といったプログラムでのアクティブラーニングを扱っており、さらに第6章では高校カリキュラム全体に及ぶ学校ぐるみのアクティブラーニングの取り組みを描いている。このスパンの違いによって評価の仕方も異なってくる。教育プログラム全体の評価となると、総仕上げとなるようなプロジェクト（卒業論文や卒業研究など）の評価で代表させるか、質問紙調査などで間接的に学習成果を問うなどのやり方が必要になる。

（c）プロダクト評価とプロセス評価

アクティブラーニングは、一定の期間をかけて（しばしば協働的に）行われるものであり、その学習成果は、プロダクト（成果物）を見ただけでは評価しきれないことがある。たとえば、演劇の創作を通じて、コラボレーションやコミュニケーションなどの力を高めるという活動の場合、できあがった演劇の実演を見ても、シナリオづくりや演出などでそれぞれの生徒がどんな役割を果たしたかはわからない。プロダクト評価を補うプロセス評価が必要になる。

プロセス評価は、活動の観察を通じて行われることも多いが、観察には「観察者効果」（観察するという行為が観察される対象に影響を及ぼすこと）がつき

まとうこと、きちんと観察しようとすると評価者の負担が大きくなることを考えると、指導の中での日常的な観察と学習者自身の記録を併用するのが望ましいだろう。

④どのように（評価方法）
　アクティブラーニングの学習評価の方法としてよく取り上げられるのは、パフォーマンス評価やポートフォリオ評価である。実際、高大接続答申や次期学習指導要領の審議の中では、これらの評価の導入が提唱されている。
（a）パフォーマンス評価
　「パフォーマンス評価」とは、一定の意味ある文脈（課題や場面など）の中でさまざまな知識やスキルなどを用いて行われる学習者のパフォーマンス（作品や実演など）を手がかりに、概念理解の深さや知識・スキルを総合的に活用する能力を質的に評価する方法である（石井, 2015; 松下, 2012）。事前に課題が与えられ学習者が時間をかけて準備する、レポート・論文や技術的・芸術的な制作物・創作物などの「作品」や、スピーチ・プレゼン、演奏・演技、スポーツの実戦などの「実演」は、「パフォーマンス課題」と呼ばれ、パフォーマンス評価の中核をなす。また、自由記述式の問題やコンセプトマップ（概念地図法）なども、広い意味では作品・実演と見ることができ、パフォーマンス評価の対象になる。PBLのようなプロジェクト学習や総合学習では、こうしたパフォーマンス評価が幾重にも織り込まれている（松下他編, 2015）。
　さらに、評価課題としてきちんと設定されたものでなくとも、活動の中でのふるまいや授業の中での応答が、学習者の学びの表出とみなされる場合には、それらも広い意味でのパフォーマンス評価の対象になりうる。溝上(2014)は、アクティブラーニングの特徴として「書く・話す・発表するなどの活動への関与と、そこで生じる認知プロセスの外化を伴う」ことを挙げている。講義型の授業では、生徒・学生の反応は、表情（目の輝き、微笑みなど）や姿勢（顔上げ、うなずき、居眠り、寝そべりなど）を手がかりに、彼らが能動的に聴いているのかどうかを推し量るしかなかった。一方、アクティブラーニ

ングでは、書く・話す・発表するなどによる認知プロセスの外化を通じて、生徒・学生の学びの内容や取り組み方に、教員は（そして生徒・学生自身も）気づくことができる。アクティブラーニングでは評価の素材が学習の中でたえず生み出されているのである。

(b) ポートフォリオ評価

「ポートフォリオ評価」とは、ポートフォリオに収められた学習の証拠資料に基づいて学習者の成長のプロセスを評価する方法である。ポートフォリオに収められるのは、作品や実演だけでなく、客観テストや質問紙調査の回答などでもよい。要は、学習者が何を自分の「学習の証拠資料」とみなすかである（第3・5章参照）。

(c) ルーブリック

このようなパフォーマンス評価やポートフォリオ評価で用いられる評価基準が「ルーブリック」だ。ルーブリックとは、学習者のパフォーマンスの質を評価するために用いられる評価基準のことである。能力というものは、初歩的な課題を処理できる能力から複合的な課題に対処できる能力まで、大きな幅を持った連続体である。それを評価するには、連続体のどこに質的な差異を見出すかという判断（「鑑識眼」といってもよい）が求められる。ルーブリックはこの判断を明示し共有するためのツールである。ふつう、観点×レベルというマトリックス（2次元表）の形式で描かれ、その表の各枠の中に、各観点・レベルに該当するパフォーマンスの特徴（記述語）が書き込まれている（第2・3・4章参照）。

(d) その他の評価方法

パフォーマンス評価やポートフォリオ評価は、高次の能力や学習のプロセスを評価する上で有効な方法である。ただし、低次のところにある個別の知識やスキルについては、客観テストや簡単な実技テストも有効である。一方、アクティブラーニングで育成しようとする能力の中でも、とりわけ人格的・情意的要素に関わるもの（たとえば、教科観・学習観・自己観や興味・関心・意欲、思考の習慣など）については、質問紙や感想文などを用いた学習者自身の自己

報告を併用しなければ把握しにくい。

このようにアクティブラーニングの評価方法は多岐にわたっており、目的に応じた使い分けが必要になる。そこで、以下では、これら多様な評価方法を整理するための構図を示すことにしよう。

(2) 学習評価の構図

学習評価の方法は、〈直接評価か、間接評価か〉、〈量的評価か、質的評価か〉という2つの軸を立てることで、その構図を描くことができる。

①直接評価と間接評価

直接評価とは、学習者の知識や能力の表出を通じて——「何を知り何ができるか」を学習者自身に提示させることで——、学習のプロセスや成果を直接的に評価することである。直接評価は、プロジェクトから小テストにいたるまで大小さまざまな評価課題や日常的な観察や対話などを通じて、すべての教員が日々の教育実践の中で行っている。

間接評価とは、学習者による学習についての自己報告を通じて——「どのように学習したか」や「何を知り何ができると思っているか」を学習者自身に答えさせることによって——、学習のプロセスや成果を間接的に評価することである。たとえば、学生質問紙の中には、批判的思考力やコミュニケーション能力がどの程度身についているかを5件法などで回答させるものがあるが、これは能力についての自己報告による評価である。また、毎時間の授業の最後に「きょうの授業で学んだこと」などを書かせるミニッツペーパーや振り返りシートなどもよく使われている。このように、間接評価は、質問紙調査や学習者による自分の学びについての記述などの形で行われる。

②量的評価と質的評価

量的評価と質的評価の間には、評価データが量的か質的かだけでなく、それに関連して、他にもいくつかの対比が見られる（**表1-2**を参照）。

表1-2　量的評価と質的評価

	量的評価	質的評価
評価データ	量的データ	質的データ
評価対象	集団または個人	個人
評価目的	比較、選抜、アカウンタビリティなど	学習や指導の改善など
評価課題	細かく分割された問題 文脈独立的	複合的な課題 文脈依存的
評価基準	客観性を重視	間主観性を重視
評価結果	数値	文章や数値
評価機能	主に総括的評価	主に形成的評価
評価方法	客観テスト、質問紙調査など	パフォーマンス評価・ポートフォリオ評価、感想文など

　量的評価では、何よりも測定・評価の客観性が重視される。量的評価でよく使われるのは客観テストや質問紙調査などだが、これらは集団に対して実施することが容易で、統計分析にもかけやすいので、選抜、アカウンタビリティ（外部に対する教育や学習の成果の説明）などのために用いられる。また、他組織との比較や経年比較も行いやすい。

　一方、質的評価の方は、個々の生徒・学生の学習や指導の改善のための情報を得るのに適している。質的評価はかならず主観的要素を伴うので、測定・評価の信頼性をいかに確保するかが問題になる。パフォーマンス評価では、信頼性担保のために、ルーブリックなどによる評価基準の明示化・共有化、複数の評価者間でのキャリブレーション（基準合わせ）やモデレーション（評価過程や評価結果の調整作業）、評価事例の蓄積・提供、評価者のトレーニングといった方法が取られる。主観的ではあっても恣意的・独断的にならないようにし、間主観性を持たせるための工夫である。

　ただし、ルーブリックは、作り方次第では、質を数値化するツールとしての機能も持つ。生徒・学生のパフォーマンス（作品・実演）の質をルーブリッ

クを介して数値化すれば、客観テストや質問紙調査と同じように統計分析にかけることも可能になる。実際、パフォーマンス評価を取り入れた大規模アセスメントも実施され始めている[6]。

(3) 学習評価の4つのタイプ

この2つの軸によって、学習評価は、4つのタイプに分けることができる（図1-3を参照）。従来、高校の学習評価で最もよく用いられていたのは、Ⅲの客観テストだった。大学になると、レポート・制作物やプレゼンなど、Ⅳのタイプの評価課題も増えるが、評価基準は教員の頭の中にあって、それが明示されたり、教員間や教員・学生間で共有されたりすることはほとんどなかった。

では、アクティブラーニングの評価では、どんな評価方法が必要になるのだろうか。本書の各章からの例も引きながら見ていこう。

①タイプⅣ

前にも述べたように、アクティブラーニングでは、Ⅳのタイプの評価が最

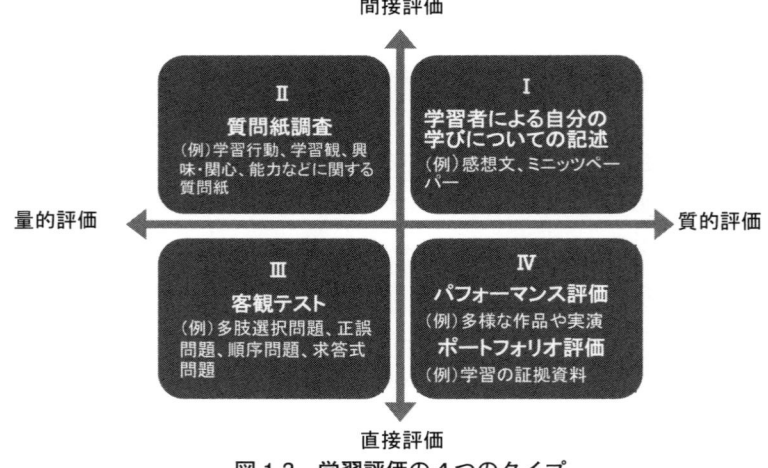

図1-3　学習評価の4つのタイプ

も重要である。アクティブラーニングでは、(a) 知識・スキルが単に「知っている・できる」「わかる」レベルにとどまらず、「使える」レベルにまでなっていること、(b) 実際、それを使いながら、思考し判断し表現するといった行為が行われること、(c) それを他者と対話・協働しながら、自律的に進めることができることがめざされるが、それらを評価するのが、Ⅳのタイプの評価だからだ。

　本書でも中心になっているのはこのタイプの評価である。中でもパフォーマンス評価とは何かが最もよくわかるのは第4章だ。複数学科・コースからなる高校で共有されている英語教育カリキュラムのスタンダード（長期的ルーブリック）と、多様なパフォーマンス課題とルーブリックが、生徒たちの生き生きした学びの姿とともに示されている。パフォーマンス課題についての生徒の感想は、教育評価にも活かされている。第3章の教員養成でのポートフォリオ評価では、何が自分の学びと成長を物語る証拠資料であるかを学生自身が判断し選択している。ポートフォリオ評価がどのようにして自己学習主体・自己評価主体を育成しようとしているかがよくわかる。

　パフォーマンス評価は、1つの単元、あるいは単元横断的な評価として行われることが多い。しかし、長期のプログラムの評価として行われることもある。大学の卒業論文・卒業研究はその典型だが、高校でもそれと似た事例がある。東大附属中等教育学校の卒業研究の取り組み（東大附属, 2005）や、5つの「思考の習慣」を目標として14のポートフォリオと7分野でのプレゼンで卒業認定を行うセントラル・イースト・パーク中等学校の取り組み（マイヤー, 2011）はその代表例である。

②その他のタイプ
　Ⅳ以外のタイプの評価も、それぞれ固有の役割を持っている。たとえば、個別の事実的知識や技能の習得度をみるには、客観テスト（タイプⅢ）は相変わらず有効であるし、問題によっては、より高次の（より深い）ところにある概念的知識や方略を評価することも可能だ。たとえば、素朴概念やつまずき

を組み込んで作られた仮説実験授業の「問題」やピア・インストラクションの「コンセプテスト（ConcepTest）」（マズール、2015）などがそうである。ただし、これらは、問題そのものは多肢選択問題であるが、選んだ理由についてのディスカッションやその後の実験や説明を伴って初めて概念的知識の理解につながることに注意が必要である。

　また、学習成果についての生徒・学生の自己認識（アクティブラーニングでどんな力がついたと思っているか、アクティブラーニングをやることで興味・関心が高まったか）や学習行動（アクティブラーニングのために授業外学習をどのくらい行っているのか）などを質問紙調査で調べることも（タイプⅡ）、教育評価の方法としては有効である。第6章では、全教員全授業に対する「授業アンケート」や「学校満足度調査」が実施されており、授業評価・学校評価やアカウンタビリティの資料として使われている。

　さらに、生徒・学生一人ひとりに、自分の学びのリフレクションとその表現の場を与えることは（タイプⅠ）、自己との関係の編み直しにつながる可能性がある。また、教員にとっても、それぞれの個性的な表現から、認知面・情意面での彼らの学びの内側を知る機会になる。もっとも、この学習評価の結果を数値化することにはあまり意味がない。あくまでも、個人の特定の文脈における学びの質的な記述にとどめるべきである。

第5巻の「物理におけるアクティブラーニング―ICTを用いたアクティブラーニングを中心に―」と題する第4章（山崎敏昭）では、ピア・インストラクションやクリッカーを用いたアクティブラーニング型授業の実践を紹介しています。

各巻との関連づけ

③学習評価と教育評価

　ここで学習評価と教育評価の関係について整理しておこう。直接評価（タイプⅢ・Ⅳ）と間接評価（タイプⅠ・Ⅱ）では学習評価と教育評価の関連づけの

仕方に違いがある。

　間接評価は、学習のプロセスや成果についての学習者自身の自己報告によって行われる評価なので、それを評定の手段として使ってしまうと、回答を望ましい方向へ誘導し、評価の妥当性や信頼性を損なうことになりかねない。しかし、教育評価の方法としては有効である。タイプⅡでは量的評価の強みを活かして、他組織との比較や経年比較によりアクティブラーニングの効果検証を行うことがやりやすい(第6章参照)。また、タイプⅠも生徒・学生の声を直接、教育する側に伝え、教育改善への個別的だが豊かな情報となる。

　一方、直接評価の場合はそのまま学習成果の評価として使うことができ、その結果をふまえて教育評価が行われる。とくにタイプⅢは、タイプⅡと同様に量的評価の強みを発揮する。最近、アクティブラーニングの効果検証のために、「リテラシー」「コンピテンシー」などの能力を測定するための標準テストが急速に普及しているのは、その表れと言える。ただし、アメリカではそのような標準テストへの批判として、タイプⅣの評価が生まれてきたことに目を向ける必要がある(松下, 2012)。タイプⅣのパフォーマンス評価やポートフォリオ評価は、他組織との比較や経年比較は行いにくいが、生徒・学生に育てたい力が身についたかが最もよく読み取れる評価であり、教員に対して個々の授業や単元・科目の教育改善のための具体的な情報を与えるものとなる。

　このように、4つのタイプの学習評価には、固有の特徴や役割があり、それぞれにアクティブラーニングの異なる側面に光をあてている。アクティブラーニングでの学習評価を多角的に行うためには、こうした特徴や役割に応じてうまく組み合わせることが必要になる。

第4節　おわりに——評価のジレンマをこえて

　アクティブラーニングの評価は、これまでの評価以上に、多くのジレンマを抱え込みやすい。

アクティブラーニングの評価の対象となる能力は、対象世界との関係だけでなく他者との関係や自己との関係も含み、認知システムだけでなく、行為システムや人格的・情意的要素まで視野に入れている。だが、それは人格の深く柔らかい部分にまで評価が及びかねないという「全人評価」の危険性をはらんでいる。

　また、教員だけでなく生徒・学生たちも評価主体となることは、彼らの自己評価能力を高めることにつながると期待できるが、他方で、生徒・学生たちを、いつも評価を気にしてふるまう「自己コントロールの檻」の中に押し込めることになるかもしれない。

　さらに、客観テストやレポートだけでなく、さまざまな異なるタイプの評価方法を用いることは、多角的な評価を可能にするが、教員や生徒・学生たちを「評価疲れ」に陥れるのではないかという心配もある。

　私たちはまず、このような評価のジレンマに自覚的であることが必要だ。本章で提案した評価の枠組みはその手助けになるだろう。

　このジレンマを突破することは容易ではないが、突破口の一つは、評価が生徒・学生の学習や成長につながることで切り開かれるのではないだろうか。本書の各章では、評価が単に「学習の評価」ではなく、「学習のための評価」、さらには「学習としての評価」になっている事例が数多く紹介されている。「学習としての評価」とは、生徒・学生を自己学習主体にするとともに学習経験としての意味を持つような評価のことである。そこでの生き生きとした学習の姿や成長の実感が生徒・学生を自己コントロールの檻から解き放ち、また、教師にとって評価を大変でもやりがいのあるものにするのである。

> **まとめ**
> - アクティブラーニングは、〈目標―内容―方法―評価〉というつながりの中で捉える必要がある。
> - アクティブラーニング(方法)によって生徒・学生に身につけさせようとしている能力(目標)は、三軸構造と階層性によって把握できる。
> - 学習評価は、直接評価―間接評価、量的評価―質的評価という2つの軸によって、4つのタイプに分けて捉えられる。アクティブラーニングの評価で中心となるのは、質的な直接評価であるパフォーマンス評価やポートフォリア評価、及びその評価基準としてのルーブリックであるが、他のタイプの評価にもそれぞれ役割がある。

注

1. なお、質的転換答申にも「グループ・ディスカッション、ディベート、グループ・ワーク等による課題解決型の能動的学修(アクティブ・ラーニング)」という説明があり、「課題解決」という文言は使われている。
2. タイラー (Tyler, R. W.) は、1949年に刊行された『カリキュラムと教授の基本原理』という本の中で、①目標の選択、②学習経験の選択、③学習経験の組織、④結果の評価という流れを初めて定式化した。
3. 教育評価は、ふつう学習評価を含む広い意味で使われるが(たとえば、田中、2008)、本章では、学習評価と対をなす狭い意味で用いている。
4. 現在の教育改革において「能力」と並べて目標に掲げられている「資質」は、教育行政用語としては、能力や態度、性質などを総称する広い意味で使われるが(たとえば、教育基本法第1条)、とりわけこうした人格的・情意的要素を重視した概念と考えられる。
5. PBLには、問題発見・解決型学習(problem-based learning)とプロジェクト型学習(project-based learning)が含まれる。
6. 北米で普及し、OECD-AHELOのジェネリックスキルの評価でも採用されたアメリカのCLA(Collegiate Learning Assessment)はその代表的な例である(松下、2012)。

引用文献

Biggs, J., & Tang, C.（2011）. *Teaching for quality learning at university*（4th ed.）. Berkshire, UK: The Society for Research into Higher Education & Open University Press.
Bonwell, C. C., & Eison, J. A.（1991）. Active learning: Creating excitement in the classroom. *ASHE-ERIC Higher Education Report* No.1.（http://files.eric.ed.gov/fulltext/ED336049.pdf）
石井英真（2015）.『今求められる学力と学びとは―コンピテンシー・ベースのカリキュラムの光と影―』日本標準.
松下佳代（編）（2010）.『〈新しい能力〉は教育を変えるか―学力・リテラシー・コンピテンシー―』ミネルヴァ書房.
松下佳代（2012）.「パフォーマンス評価による学習の質の評価―学習評価の構図の分析にもとづいて―」『京都大学高等教育研究』18号, 75-114頁.
松下佳代・京都大学高等教育研究開発推進センター（編）（2015）.『ディープ・アクティブラーニング―大学授業を深化させるために―』勁草書房.
マイヤー, D.（2011）.『学校を変える力―イースト・ハーレムの小さな挑戦―』（北田佳子訳）岩波書店.
マズール, E.（2015）.「理解か, 暗記か？―私たちは正しいことを教えているのか―」松下佳代・京都大学高等教育研究開発推進センター（編）『ディープ・アクティブラーニング―大学授業を深化させるために―』勁草書房, 143-164頁.
溝上慎一（2014）.『アクティブラーニングと教授学習パラダイムの転換』東信堂.
National Research Council（2012）. *Education for life and work: Developing transferable knowledge and skills in the 21st Century*. Washington, DC: The National Academies Press.
OECD（2005）. *The definition and selection of key competencies: Executive summary*. Paris: OECD Publishing.
佐藤学（1995）.「学びの対話的実践へ」佐伯胖・藤田英典・佐藤学（編）『学びへの誘い』東京大学出版会, 49-91頁.
田中耕治（2008）.『教育評価（岩波テキストブック）』岩波書店.
東京大学教育学部附属中等教育学校（編）（2005）.『生徒が変わる卒業研究―総合学習で育む個々の能力―』東京書籍.

●さらに学びたい人に

- 田中耕治（2008）.『教育評価（岩波テキストブック）』岩波書店.
  ▶教科書のシリーズの中に入ってはいるが, 日本の教育評価論を牽引してきた著者の研究成果が凝縮された一冊。日米の教育評価の歴史をふまえて, 教育評価の理

論と方法が、読みやすい筆致で論じられている。

● 石井英真 (2015).『今求められる学力と学びとは―コンピテンシー・ベースのカリキュラムの光と影―』日本標準.
　▶作りはコンパクトだが、中身は濃い。現在の教育改革の批判的検討を行う際によき道案内となってくれる本。日米の学力論・カリキュラム論・評価論に裏打ちされた理論的整理や実践的提案に学ぶところが多い。

● G. ウィギンズ・J. マクタイ (2012).『理解をもたらすカリキュラム設計―「逆向き設計」の理論と方法―』(西岡加名恵訳) 日本標準.
　▶「理解」を6つの側面から捉え、深い理解を生み出すにはどんなカリキュラムや評価が必要かを余すところなく伝える。パフォーマンス評価のデザインについても詳しく語られている。

第2章

初年次教育におけるレポート評価

小野　和宏（新潟大学）・松下　佳代（京都大学）

　知識の習得やさまざまな能力の育成を目的として、大学では、しばしばレポートが学生に課せられる。能動的な「書く」という活動を通して学ぶことから、レポート作成はアクティブラーニングの活動の一つといえるだろう。しかし、レポートをどのように評価するか、とりわけ、思考力や表現力などの高次の統合的な能力をどのように評価するかは難しい問題である。

　本章では、新潟大学歯学部の初年次科目「大学学習法」でのレポート評価を事例として、その実践からみえてきた評価のポイントについて述べる。また、評価が単なる「学習の評価」、あるいは「学習のための評価」であるだけでなく、それ自体が学生の学習経験にもなるような「学習としての評価(assessment as learning)」であることが、アクティブラーニングではとくに重要であることを強調する。

第1節　学習成果への注目とアクティブラーニングにおける評価の問題

　日本の大学教育で、学習成果が広く注目されるようになったのは、2008年12月に出された中央教育審議会答申「学士課程教育の構築に向けて」において、学士課程修了段階での学習成果が「学士力」と名づけられ、その達成度の評価が求められるようになってからである。この答申は、日本の大学教育の世界に、「教員が何を教えるか」よりも「学生が何を学んだか」に力点

を置く「成果にもとづく教育」の考えを正式に持ち込むことになった(松下, 2012)。

　アクティブラーニングで学生に身につけさせたい学習成果は、知識のみでなく、論理的思考力、問題解決力、コミュニケーション・スキル、チームワーク、リーダーシップ、市民としての社会的責任などの技能・態度であろうが、これらを評価することは容易ではない。質問紙調査により、「何ができると思っているか」を学生自身に答えさせる間接評価もあるが、その結果が学生の能力を反映しているかも含め、やはり「何ができるか」を学生に提示させ、直接評価する必要がある。2012年8月に出された同答申「新たな未来を築くための大学教育の質的転換に向けて―生涯学び続け、主体的に考える力を育成する大学へ―」では、「ルーブリック」「ポートフォリオ」など、オルターナティブ・アセスメントの手法を用いた評価が示されているものの、これらの評価に関する知見の蓄積は乏しい。また、ポートフォリオ評価やパフォーマンス評価では、評価の妥当性は担保しやすいが、信頼性は担保しにくく、ルーブリックを用いるだけで信頼性が担保される保証はないにもかかわらず、その検討はほとんどなされていない(松下他, 2013)。評価が満たすべき妥当性、信頼性、さらには公平性や実行可能性の要件(Gipps, 1994; Wiggins & McTighe, 2005)に応えるべく、大学教育の現場で、いままさに、さまざまな形での学習評価が試みられている状況である。今後、アクティブラーニングの学習成果を適正に把握するための優れた評価方法や、いくつかの評価方法を組み合わせた工夫に富んだ評価の仕組みなど、数多くの事例が報告されるであろう。

　なお、信頼性という概念はもともと心理測定学の概念であり、オルターナティブ・アセスメントのパラダイムに立つ論者、たとえば、ギップス(Gipps, 1994)は、信頼性に代えて、評価者間の評価の一貫性を基礎とする「比較可能性(comparability)」という概念を提案しており、評価者の主観が排除されないパフォーマンス評価やポートフォリオ評価における評価基準では、間主観性を担保することが求められる(松下, 2012)。

第2節　初年次教育としての「大学学習法」とパフォーマンス評価

(1)「大学学習法」という科目

　新潟大学歯学部では、知識基盤社会への移行にともない、「学士課程教育を歯科医療従事者としての生涯学習の最初の段階と位置づけ、問題解決能力の育成を重視し、その後に続く大学院や実社会での学習の中で、専門性を主体的に向上させうる人材を養成する」こととしている。この基本方針のもと、学生に自立・自律した学習者としての基礎を身につかせるために、初年次教育として「大学学習法」を実施している。初年次の前期に新入生60名を対象に、15週30回で開講し、担当教員分担執筆によるテキストを使用して、図書館の利用方法、コンピュータを用いた情報検索や通信の基本技術、レポートの書き方やプレゼンテーションの仕方などについて講義・演習を行っている。また、講義・演習での知識や技能をもとに、レポートを作成し、その内容をプレゼンテーションするよう課題を課している。学生は、授業時間外に、約1か月間をかけてレポートを作成し、その内容をプレゼンテーションの授業において発表する。そして、教員からの質問やクラスメートからの意見を参考にして、レポートを完成させる。

　この授業は、レポート作成およびプレゼンテーションという学習活動を通して、学生に問題解決力、論理的思考力、表現力を身につけさせることを最終的なねらいとしているが、当初は主に定型的な文書作成や口頭発表のスキルを評価し、教育目標と評価の齟齬を認識しながらも、高次の統合的な能力をいかにして直接評価すべきか対応に苦慮していた。どのような評価方法を用いるかは、教員が本当に重視しているものは何であるかを暗黙のうちに学生に伝えると言われており（松下，2007）、把握したい能力を直接的に反映する評価方法を用いなければ、誤ったメッセージを学生に与えることにもなりかねない。新たな評価方法を開発することは喫緊の課題であった。

　そこで、2011年から、「大学学習法」にパフォーマンス評価を導入すべく取組を開始した。パフォーマンス評価は、個々の知識や技能の評価に重点を置

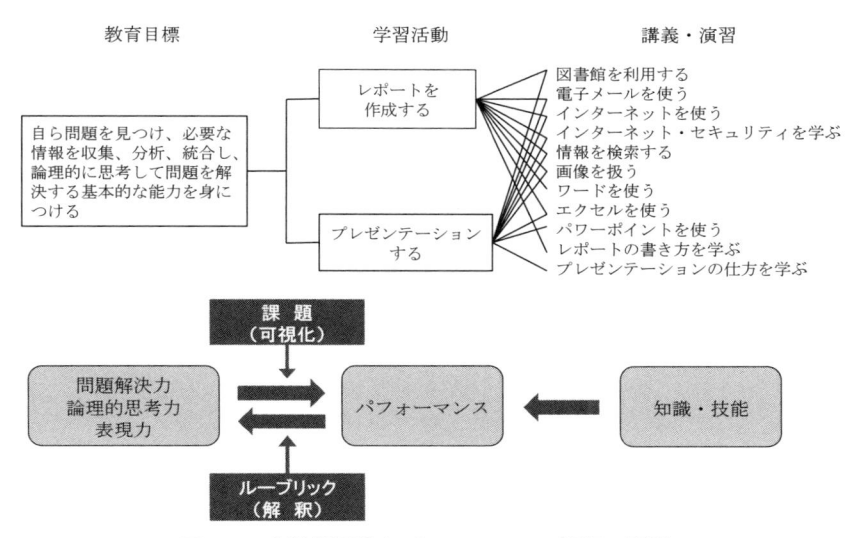

図 2-1 大学学習法とパフォーマンス評価の関係

く従来のテストとは異なり、現実的な状況で知識や技能を使いこなせる能力を評価することができる点に特徴がある(Hart, 1994)。このような能力は直接測定できないことから、要求に対するパフォーマンスを観察することにより推論することでしか把握できない。「大学学習法」にパフォーマンス評価を導入することによって、これまで評価が難しかった問題解決力、論理的思考力、表現力をレポートにより可視化し、そこからルーブリックで能力を読み解こうと試みた(図2-1を参照)。

(2) ルーブリックを用いたレポート評価

レポートの書き方を3回にわたり講義した最後に、レポート課題(図2-2)を示すとともに、ライティング・ルーブリック(表2-1)を学生に配布し、評価の観点と基準を説明している。「大学学習法」のレポートは、教員からレポート課題として大きな問題が提示され、学生は多くの問題のなかから、レポートで扱う具体的な問題を設定する。そして、設定した問題に対して、調

レポート課題

　医療や科学の進歩にはめざましいものがあります。少し前までは治療することが難しかった病気にも対処できるようになりました。また、便利な道具も世の中に溢れており、日々、私たちは恩恵を受けて暮らしています。しかしその一方で、進歩がもたらしたさまざまな問題も抱え込んでしまいました。皆さんもテレビや新聞で見聞きしていることでしょう。その解決のために、多くの議論がなされていますが、どの問題もしかるべき解決策が示されていないのが現状ではないでしょうか。
　そこで、与えられたテーマ「医療や科学の進歩がもたらした諸問題」から具体的な問題を設定し、主体的に調査・学習を行い、自分の考えをレポートにして提出してください。

- レポートは、概要400〜600字、本文2800〜3200字としてください。
- なぜこの問題を選んだのか、また時代的・社会的背景など、わかりやすく記述してください。
- どのような調査結果を得たか、またそれらの事実やさまざまな意見から、どのような結論にいたったかを、配布したライティング・ルーブリックを参考にして、論理的に記述してください。
- 必要に応じて図表などを挿入してもかまいません（図表は字数に含めません）。
- 雑誌や書籍、ウェブサイトから引用した箇所には、著者名と文献の発表年を記載し、レポートの最後に文献表を載せてください（文献表は字数に含めません）。

自己評価

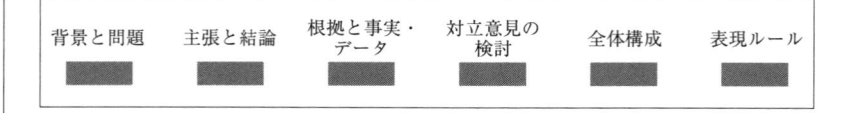

背景と問題	主張と結論	根拠と事実・データ	対立意見の検討	全体構成	表現ルール
■	■	■	■	■	■

- 配布したライティング・ルーブリックにしたがって、自分のレポートを自己評価し、■■■に0〜3のレベルを記入してください。
- 自己評価結果から、今回の学習により「問題解決力」「論理的思考力」「文章表現力」をどの程度身につけることができたか、あるいは何が身につかなかったかなど、自分自身を振り返り、これからの学習に役立ててください。

図2-2　レポート課題シート

べてまとめるだけでなく、自分自身の主張と結論を述べる。すなわち、図書館で必要な雑誌や書籍を探し、コンピュータを用いて情報を検索して、自分の主張の根拠とその真実性を立証する事実・データを明らかにするとともに、対立意見を検討し、最終的に何がいえるかを結論する。そして、その内容をわかりやすく伝えることが求められる。講義で教えるべき内容を課題として、それについて自習させる「学習レポート」ではなく、いわゆる、「研究レポート」(木下, 1994)であり、評価においては、知識の量や意見の当否より、問題解決や論理的思考、文章表現が重視される。

　レポートの評価は、「大学学習法」において、とくにライティング指導に関与している複数の教員で行っている。評価に先立ち、ルーブリックに関して共通理解を得るために、ルーブリックの記述語とその意味するところを全員で確認している。その際、前年度の学生レポートのうち、特徴的な、すなわち、採点結果がよかったもの、中等度であったもの、悪かったもの、計3本を採点事例として評価者に配布している。評価基準に関する話し合い(＝キャリブレーション、基準合わせ)の後は、相互に相談することなく各自で採点し、最後に、採点結果について話し合い(＝モデレーション、調整作業)、評価を確定している。また、採点後の話し合いの際に、ルーブリックの見直しを行っている。たとえば、採点結果が一致して高い、あるいは低い得点であったレポートの特徴や、逆に、採点結果が一致しなかったレポートの特徴を検討し、ルーブリックを見直している。なお、「大学学習法」では、採点結果により成績をつけているが、たとえ採点結果が悪くても、プレゼンテーションの実施とレポートの提出をもって単位を認定している。

　課題シートには、自己評価欄を設け(図2-2)、ライティング・ルーブリックの観点ごとに、作成したレポートの到達レベルを学生にも自己評価させている。レポートを書くという学習活動の結果、現在の問題解決力、論理的思考力、文章表現力はどの程度であるかを、問題解決力であれば、「背景と問題」「主張と結論」の観点から、論理的思考力であれば、「主張と結論」「根拠と事実・データ」「対立意見の検討」「全体構成」の観点から、文章表現であれば、

表 2-1　ライティング・ルーブリック

観点	問題解決		論理的思考
	背景と問題	主張と結論	根拠と事実・データ
観点の説明	与えられたテーマから自分で問題を設定する。	設定した問題に対し、展開してきた自分の主張を関連づけながら、結論を導く。	自分の主張を支える根拠を述べ、根拠の真実性を立証する事実・データを明らかにする。
レベル3	与えられたテーマから問題を設定し、論ずる意義も含め、その問題を取り上げた理由や背景について述べている。	設定した問題に対し、展開してきた自分の主張を関連づけながら、結論を導いている。結論は一般論にとどまらず、独自性を有している。	自分の主張の根拠が述べられており、かつ根拠の真実性を立証する信頼できる複数の事実・データが示されている。
レベル2	与えられたテーマから問題を設定し、その問題を取り上げた理由や背景について述べている。	設定した問題に対し、展開してきた自分の主張を関連づけながら、結論を導いている。	自分の主張の根拠が述べられており、かつ根拠の真実性を立証する信頼できる事実・データが少なくとも一つ示されている。
レベル1	与えられたテーマから問題を設定しているが、その問題を取り上げた理由や背景の内容が不十分である。	結論は述べられているが、展開してきた自分の主張との関連づけが不十分である。	自分の主張の根拠は述べられているが、根拠の真実性を立証する信頼できる事実・データが明らかにされていない。
レベル0	レベル1を満たさない場合はゼロを割り当てること。		

「全体構成」と「表現ルール」の観点(表2-1)から振り返らせ、学生を評価主体として育てることを目的として行っている。

第3節　実践からみえてきた評価のポイント

(1) レポート課題の選択

　レポート課題は、評価したい能力が、できるだけパフォーマンスとして直接的に表れるものにする必要がある。

論理的思考		文章表現
対立意見の検討	全体構成	表現ルール
自分の主張と対立する意見を取り上げ、それに対して論駁(問題点の指摘)を行う。	問題の設定から結論にいたる過程を論理的に組み立て、表現する。	研究レポートとしてのルール・規範を守り、適した文章と言い回しを用いてレポートを作成する。
自分の主張と対立するいくつかの意見を取り上げ、それらすべてに対して論駁(問題点の指摘)を行っている。	問題の設定から結論にいたる論理的な組み立て、記述の順序、パラグラフの接続が整っている。概要は本文の内容を的確に要約している。	・研究レポートとして適した文章と言い回しを用いてレポートを書いている。 ・引用部分と自分の文章の区別を明示し、引用部分については、レポートの最後に出所を確認できる形で参考文献を記載している。 ・概要、本文ともに字数制限が守られている。 <3つの条件をすべて満たす場合は「レベル3」、2つの場合は「レベル2」、1つの場合は「レベル1」とする。>
自分の主張と対立する少なくとも一つの意見を取り上げ、それに対して論駁(問題点の指摘)を行っている。	問題の設定から結論にいたる論理的な組み立て、記述の順序、パラグラフの接続がおおむね整っている。	
自分の主張と対立する意見を取り上げているが、それに対して論駁(問題点の指摘)がなされていない。	問題の設定から結論にいたるアウトラインはたどれるが、記述の順序やパラグラフの接続に難点のある箇所が散見される。	

　ここ数年は、「医療や科学の進歩がもたらした諸問題」をレポート課題としているが(図2-2)、それまでは、その時々に話題となった社会問題、たとえば、原子力発電所の事故に端を発した日本のエネルギー問題や、グローバル化が進むなかでの大学の秋入学問題などをテーマとしてきた。なるべく、現実世界の実際の問題を取り上げ、市民の一人として、学生に自分の意見を持たせようとの意図もあったが、これらのテーマは、インターネット上にさまざまな意見が溢れており、学生はそれらを書き写す、いわゆる「コピペ」に陥りやすかった(小野他,2014)。このようなレポートでは、「書く」という学習活

動を通して、学生に問題解決力や論理的思考力、文章表現力を身につけさせることができないばかりか、評価したい能力を適正に把握できない。社会の多くの人びとに広くかかわる問題を取り上げるより、学生がこれから学ぶべき専門領域の問題、あるいは初年次の学生にとって身近な問題をテーマにするとよいかもしれない。

(2) ルーブリックの作成と学生への提示の是非

　ルーブリックを作成する際に重要なことの一つは、何を評価したいかを明確にし、それを観点に反映させることである。また、評価した結果を、学生指導や学生自身が学習に生かせるルーブリックにすることである。

　当初、2011年に作成したルーブリック(**表2-2**)は、「知識・理解」「問題発見」「情報検索」「論理的思考と問題解決」「文章表現」という5つの観点からなっていた。しかし、把握したい問題解決力や論理的思考力などの能力と観点との関連が不明確で、どの観点のレベルが高ければ、どの能力が高いのかということがよくわからなかった。また、「論理的思考と問題解決」はカテゴリーが大き過ぎ、レベルが高かったり低かったりしたときに、学生のどこがよくて、どこが悪いのかということを、指導に結びつけられないのではないかと危惧された。さらに、先に述べたように、「大学学習法」のレポートでは、知識の量や意見の当否より、問題解決や論理的思考、文章表現が重視されるにもかかわらず、「知識・理解」が観点に紛れ込んでしまった。

　そこで、論理的思考や問題解決についての枠組みを示した牧野(2008)の「論理のしくみ図」「論理のしくみ図シート」「論理ぶんせきシート」に含まれる観点や記述を参考にして、2012年にルーブリックを作り直した(**表2-3**を参照)。「背景と問題」「意見と結論」「根拠・情報」「異なる意見の検討」「全体構成」「表現ルール」の6つの観点とし、「背景と問題」「意見と結論」は問題解決、「意見と結論」「根拠・情報」「異なる意見の検討」「全体構成」は論理的思考、「全体構成」「表現ルール」は文章表現というように、能力と観点の対応がわかるように作成した。このルーブリックをもとに、毎年、見直しを行い、現在のラ

イティング・ルーブリック（表2-1）に至っている。

　ルーブリックを学生に提示するか否かに関しては、賛否両論がある。評価基準がわかれば、評価に向けて学習するという、「傾向と対策」的な学習になるとの心配は強い。しかし一方で、評価基準を示すことにより、学生がレポートを書いていく過程で、どこに注意すればよいか、どうすればよいレポートになるかなど、学生の学習に水路づけを与えることができる。よいレポートの作成に向けて、自分の学習を自己調整していける評価主体として育てるためには、ルーブリックを学生に提示する必要があろう。なお、ルーブリック自体を示すとともに、評価基準に適ったよいレポート例を提示することも有効である。

(3) 評価の信頼性と教員の評価負担

　パフォーマンス評価は、ルーブリックを使っても評価者の主観が入り込んでくるため、客観テストのような信頼性があるわけではない。しかし、できる限り評価者間信頼性（評価者間での評価結果の一致の度合い）を高める工夫は求められる。いまだ満足すべき結果を得ていないが、評価者間信頼性を高めるために、これまで行ってきたことを、ルーブリックと評価者という点から述べる。

　2012年のルーブリック（表2-3）を用いて、64名の学生レポートを評価者3名で採点した結果をもとに、一般化可能性理論に基づく方法で信頼性を検討したところ、一般化可能性係数は0.62であった（松下他, 2013）。類似の領域での先行研究（山西, 2005; 宇佐美, 2011; 佐々木・村木, 2005）と比較した場合には、必ずしも低い値ではないが、一般に信頼性が十分と判断される値0.8には達していなかった。信頼性係数が低かった最大の原因は、2012年のルーブリックはレベルが3段階で、レベル1が非常に低い形に、逆にレベル3が非常に高い形に設定され、レベル2の幅が広くなっており、レポートの質のばらつきが得点のばらつきに反映されていないことによると推察された。そこで、レベルの数を4つに増やし、各レベルの記述語をより学生の水準にそったものに修正した（表2-1を参照）。これにより、若干ではあるが、信頼性の向上をみてい

る(小野, 2015)。なお、評価の観点の数を増やすと信頼性はどうなるかシミュレーションしたところ、6つから増やしてもあまり変わらないことがわかっている(松下他, 2013)。パフォーマンスの特徴をきちんと捉えられる観点とレベル数を設定することが、評価の信頼性を高めることにつながる。

　一方、評価者については、先に述べたように、評価に先立ち、ルーブリックに関して共通理解を得るために、ルーブリックの記述語とその意味するところを全員で確認している。しかし、レポート評価では、とくに、「大学学習法」のレポート評価では、個々の学生が扱う具体的な問題が異なることも相まって、

表 2-2　ルーブリック 2011

観点	知識・理解	問題発見	情報検索
観点の説明	日本が直面する社会問題は、さまざまな要因が複雑に関連していることを理解する。	与えられたテーマに意欲的に接するなかで、疑問や問題点を見いだす。	問題解決に必要な情報を収集し、その信頼性を吟味する。
レベル2	自分が選択した問題について、多面的・多角的に検討し、その本質を理解している。	与えられたテーマから自分で話題を設定し、その問題を取り上げた理由や背景について述べている。	必要な情報を書籍およびインターネットなどから収集し、レポートの最後に出所を確認できる形で参考文献として記載している。
レベル1	自分が選択した問題について、多面的・多角的に検討しているが、その本質の理解が不十分である。	与えられたテーマから自分で話題を設定しているが、その問題を取り上げた理由や背景の内容が不十分である。	必要な情報を書籍およびインターネットなどから収集しているが、その収集が不十分、あるいは信頼性の低い情報が散見される。
レベル0	自分が選択した問題について、一面での理解にとどまっている。	与えられたテーマから疑問や問題点を見いだせず、自分なりの話題が設定されていない。	情報の信頼性が批判的に吟味されていない。あるいは、レポートの最後に参考文献が記載されておらず評価できない。

パフォーマンスの解釈の可能性、すなわち、レポートから学生の意図を読み取る際の評価者の解釈の可能性が大きく、評価を繰り返しても、信頼性は簡単にはあがらないようである（小野, 2015）。恣意的・独断的な評価を排除し、間主観性を高めるためには、根気強い評価者トレーニングが望まれる。

信頼性とともに評価の重要な要件である実行可能性については、教員の評価負担があげられる。新潟大学歯学部は1学年の学生数が60名と比較的小さな学部であるが、それでも、60本のレポートをルーブリックにしたがって採点するには、多くの時間と労力を必要とする。さらに、ルーブリックの作

論理的思考と問題解決	文章表現
収集した信頼できる情報をもとに、根拠ある意見を導きだす。	収集した情報と自分の意見を、結論にいたる過程を含めて、的確に表現する。
収集した情報を相互関連的にとらえ、分析的・実証的・論理的に考察し、根拠ある意見を導きだしている。	話題の選択から結論にいたる論理的な組み立て、記述の順序、パラグラフの接続が整っており、おおむね首尾一貫した文で書かれている。
自分なりの意見を導きだしているが、収集した情報、あるいは考察が不十分で意見の根拠が薄弱である。	話題の選択から結論にいたるアウトラインはおおむね整っているが、記述の順序やパラグラフの接続に問題がある箇所が散見される。
情報収集のみで、自分の意見がない。あるいは、意見と感想の混同がみられる。	話題の選択から結論にいたる過程の記述が曖昧で、論理の流れを理解できない。

成・修正や、採点前の基準合わせと採点後の調整作業が必要である。しかし、評価負担という事実は変えられないものの、負担を重いと感じるか、軽いと感じるかは教員の考え方しだいではなかろうか。労力をかけても評価するだけの教育的な価値があれば、教員は負担を過大と感じないであろう。なお、

表 2-3　ルーブリック 2012

観点	問題解決		論理的思考
	背景と問題	意見と結論	根拠・情報
観点の説明	与えられたテーマから疑問や問題点を見いだす。	自分の意見をもち、その意見を支える根拠・情報、あるいは対立する考えを考慮し、最終的な結論を導きだす。	意見を支える根拠を述べ、根拠の真実性を立証する情報を明らかにする。
レベル3	与えられたテーマから自分で話題を設定し、その問題を取り上げた理由や背景について述べている。	意見を支える根拠とその具体的な情報、あるいは対立する考えや論破の妥当性を考慮し、最終的な結論を導きだしている。	意見の根拠が述べられており、かつ根拠の真実性を立証する信頼できる情報が示されている。
レベル2	与えられたテーマから自分で話題を設定しているが、その問題を取り上げた理由や背景の内容が不十分である。	意見や結論は述べられているが、意見を支える根拠とその具体的な情報、対立する考えや論破の妥当性の考察が不十分である。	意見の根拠は述べられているが、根拠の真実性を立証する信頼できる情報が明らかにされていない。あるいは、根拠・情報の内容が不十分である。
レベル1	与えられたテーマから疑問や問題点を見いだせず、自分なりの話題が設定されていない。	自分の意見や結論が述べられていない。	意見の根拠が述べられていない。あるいは、根拠・情報の内容がきわめて不十分である。

評価者間である程度の信頼性が担保されていれば、すべてのレポートを複数の教員で採点するのではなく、レポートを分担して評価し、教員の評価負担を減らすことも可能であろう。

論理的思考		文章表現
異なる意見の検討	全体構成	表現ルール
意見と対立する考えやその考えを支える情報を明らかにし、反論に対して自分の意見の妥当性を示す見解を述べる、あるいは反論の問題点を指摘する。	話題の選択から結論にいたる過程を的確に表現する。	指定されたルールを守り、文法に適った正しい日本語を使用してレポートを作成する。
意見と対立する考えやその考えを支える情報が述べられており、かつ反論に対して自分の意見の妥当性を示す見解や反論の問題点を述べている。	話題の選択から結論にいたる論理的な組み立て、記述の順序、パラグラフの接続が整っている。	・文法に適った正しい日本語を使用している。 ・引用箇所に肩番号をつけ、レポートの最後に出所を確認できる形で参考文献を記載している。 ・字数制限が守られている。
意見と対立する考えやその考えを支える情報が述べられているが、反論に対して自分の意見の妥当性を示す見解や反論の問題点に言及していない。	話題の選択から結論にいたるアウトラインはおおむね整っているが、記述の順序やパラグラフの接続に問題がある箇所が散見される。	・おおむね文法に適った正しい日本語を使用しているが、誤字や脱字を含め誤りが散見される。 ・引用箇所に肩番号がついていないが、レポートの最後に参考文献は記載されている。 ・指定された字数を越えているが、2割程度である。
自分の意見と対立する意見についてふれていない。	話題の選択から結論にいたる過程の記述が曖昧で、論理の流れを理解できない。	・あまりに長い文や主語と述語の不一致など読者に誤解を与えるおそれのある文が多い。 ・レポートの最後に参考文献が記載されていない。 ・字数制限が守られていない。

第4節　学生を成長させる評価を目指して

　パフォーマンス評価は学習評価であり、学生指導や教育改善のために、学生の能力を把握することが本来の目的である。評価を学生指導に生かせなければ、学習成果の向上は望めず、教員は評価負担ばかりにとらわれ、パフォーマンス評価の意義を感じられないであろう。

　「大学学習法」では、教育内容の多さから、採点結果を学生にフィードバックすることが時間的に難しく、提出されたレポートに対して学生指導は行われていない。すなわち、2011年からパフォーマンス評価に取り組んではいるものの、これまではルーブリックの開発と評価者養成が中心で、真の意味での学習評価実践にはなっていない。そのためか、ルーブリックを意識した優れたレポートも見られるようになったが、総じて言えば、満足すべき成果はいまだ得られていない状況である。そこで、今後は、学生の能力を伸ばすことに力を入れていきたい。具体的には、「大学学習法」の授業改善とともに、第2学年に小グループでの「大学学習法Ⅱ」の開講を計画しており、評価結果をもとに学生指導を行い、「大学学習法」のレポートを書き直させることにより、問題解決力、論理的思考力、文章表現力を向上させる。そして、新たなテーマでレポートを書かせ、書き直した「大学学習法」のレポートとあわせて、計2本のレポートの採点結果で成績を判定し、単位を認定する予定である。なお、パフォーマンス評価の特徴の一つとして、課題数が制限されることがあげられている(松下, 2007)。「大学学習法」では、採点結果によらず、レポートの提出をもって単位認定しているが、これは、ただ1本のレポートの採点結果から能力を判断することに対して、慎重であるべきとの考えからである。しかし一方で、このことは、レポート作成に取り組む学生の動機づけに負の影響を与えているのかもしれない。

　アクティブラーニングでは、能動的な活動を通して主体的に学ぶことから、学習に対する自己評価とその結果に基づいた学習の自己調整が求められる。先述のように、現在の「大学学習法」では、レポートを提出させる際にルーブ

リックにそって学生に自己評価させているが、「大学学習法II」では、さらに教員の評価結果を対置し、現在の能力の到達度、自己評価の妥当性や教員評価と違いが生じた理由、どうすればよりよいレポートを書くことができるかなどを学生に考えさせ、指導の中で学生の自己評価力を向上させることを企図している。学生を評価主体として育て、評価それ自体が学びとなるような評価、すなわち「学習としての評価（assessment as learning）」をデザインすることが、アクティブラーニングではとくに重要であろう。

まとめ

- 新潟大学歯学部では、レポート作成を通して、問題解決力、論理的思考力、表現力を育成すべく、初年次教育として「大学学習法」を開講し、それらの能力を直接評価するためにパフォーマンス評価を行っている。教育目標と評価の整合性が図られている。

- ルーブリックを作成する際に重要なことは、何を評価したいかを明確にし、それを観点に反映させることである。また、評価した結果を、学生指導や学生自身が学習に生かせるルーブリックにすることである。

- アクティブラーニングでは、能動的な活動を通して主体的に学ぶことから、学習に対する自己評価とその結果にもとづいた学習の自己調整が求められる。学生を評価主体として育て、評価それ自体が学びとなるような評価をデザインすることが、アクティブラーニングではとくに重要である。

引用文献

Gipps, C. V. (1994). *Beyond testing: Toward a theory of educational assessment.* London: Falmer Press. C. V. ギップス（2001）.『新しい評価を求めて―テスト教育の終焉―』（鈴木秀幸訳）論創社.

Hart, D. (1994). *Authentic assessment: A handbook for education.* Menlo Park, CA: Addison-Wesley. D. ハート（2012）.『パフォーマンス評価入門―「真性の評価」論からの提案―』(田中耕治監訳) ミネルヴァ書房.

木下是雄（1994）.『レポートの組み立て方』筑摩書房.

牧野由香里（2008）.『「議論」のデザイン―メッセージとメディアをつなぐカリキュラム―』ひつじ書房.

松下佳代（2007）.『パフォーマンス評価』日本標準.

松下佳代（2012）.「パフォーマンス評価における学習の質の評価―学習評価の構図の分析にもとづいて―」『京都大学高等教育研究』18号, 75-114頁.

松下佳代・小野和宏・高橋雄介（2013）.「レポート評価におけるルーブリックの開発とその信頼性の検討」『大学教育学会誌』35巻1号, 107-115頁.

小野和宏（2015）.「大学学習法の学習評価実践―レポート評価に焦点をあてて―」. 御手洗明佳・谷村英洋（編）『大学教育開発研究シリーズNo.22「学習成果」の設定と評価―アカデミック・スキルの育成を手がかりに―』立教大学大学教育開発・支援センター, 61-80頁.

小野和宏・西山秀昌・八木稔・ステガロユロクサーナ・重谷佳見・山村健介・井上誠・前田健康（2014）.「大学学習法へのパフォーマンス評価導入における実践的課題」『新潟大学高等教育研究』1巻2号, 5-8頁.

佐々木典彰・村木英治（2005）.「口頭発表の評価における信頼性―一般化可能性理論を用いて―」『教育情報学研究』3号, 1-4頁.

宇佐美慧（2011）.「小論文評価データの統計解析」『行動計量学』38巻1号, 33-50頁.

Wiggins, G., & McTighe, J. (2005). *Understanding by design* (Expanded 2nd ed.). Alexandria, VA: Association for Supervision and Curriculum Development. G. ウィギンス・J. マクタイ（2012）.『理解をもたらすカリキュラム設計―「逆向き設計」の理論と方法―』(西岡加名恵訳) 日本標準.

山西博之（2005）.「一般化可能性理論を用いた高校生の自由英語作文評価の検討」『JAL Journal』27巻2号, 169-185頁.

◉さらに学びたい人に

- 松下佳代（2007）.『パフォーマンス評価』日本標準.
  ▶初等教育の教員を対象として書かれたものであるが、パフォーマンス評価の方法、特徴と課題について、わかりやすく解説されている。パフォーマンス評価の入門書といえる。

- C. V. ギップス (2001).『新しい評価を求めて―テスト教育の終焉―』(鈴木秀幸訳) 論創社.
  ▶パフォーマンス評価を含む評価のさまざまな考え方や方法が、イギリスでの事例をふまえて、詳細に説明されている。

第3章

教員養成におけるポートフォリオ評価

石井　英真（京都大学）

　この章では、京都大学でのポートフォリオを用いた教員養成の取り組みを紹介する。ポートフォリオ評価の土台となっている履修カルテ（いわば教員養成スタンダード）についても詳しく紹介することで、カリキュラム全体を体系化する上でのポートフォリオの意味、そして、能力や学習経験の断片化に陥らないための、目標や評価基準を設定する際の留意点などについても述べる。

第1節　京都大学の教員養成におけるポートフォリオ実践の背景

（1）実践的指導力をめざす教員養成改革の展開と「教職実践演習」の導入

　1990年代以降、学校教育の課題が複雑化・高度化する中、教師の資質能力の向上が課題として認識され、教員養成・採用・研修の全体に関わる教師教育改革が展開している。たとえば、2006年7月の中央教育審議会答申「今後の教員養成・免許制度の在り方について」では、「教職大学院」制度の創設、教員免許更新制の導入など、実践的指導力や高度専門職業人の養成を基調とする施策が出された。この中教審答申の中で、大学の教職科目として「教職実践演習」の新設が提起され、2010年度入学生対象のカリキュラムから必修化されることとなった。

　「教職実践演習は、当該演習を履修する者の教科に関する科目及び教職に関する科目の履修状況を踏まえ、教員として必要な知識技能を修得したこと

表3-1　文科省が提示する「含めることが必要な事項」

①使命感や責任感、教育的愛情等に関する事項
②社会性や対人関係能力に関する事項
③幼児児童生徒理解や学級経営等に関する事項
④教科・保育内容等の指導力に関する事項

＊中央教育審議会答申「今後の教員養成・免許制度の在り方について」2006年7月18日(別添1.「教職実践演習(仮称)について」)を参照。

を確認するもの」と科目の趣旨が規定されている。「教職実践演習」は、「教職課程の総まとめの科目」であり、4回生後期の必修科目として位置づけられることになった。

「教職実践演習」について、文科省は、各大学・学部が確認すべき教員像や到達目標等に含めることが必要な事項として、**表3-1**のような4項目をあげている。そして、到達目標12個と、目標到達の確認指標例16個を示している。また、文科省は、各大学に学生一人一人の「履修カルテ」の作成を求め、それに基づいて教員として最小限必要な資質能力を評価した上で、必要な場合は個別に補完的な指導を行うものとした。

こうして、「教職実践演習」の導入は、教員養成を担う各大学が、自分たちがめざす教員像や到達目標(教員養成スタンダード)を明確化し、それに照らしてカリキュラムの中身の見直しや体系化を進めることを促したのである。

(2) 教員養成における学びとアクティブラーニング

大学の教職課程では、学習指導案の作成や模擬授業など、アクティブラーニング的な学びが少なからず展開されてきたし、その傾向は近年さらに強まっている。たとえば、「教職実践演習」については、演習中心で適正な規模で行う、ロールプレーイング、事例研究、現地調査、模擬授業などの積極的導入、必要に応じて、現職教員または教員勤務経験者を講師とした授業を含める、教育委員会と連携して行うこととされている。さらに、教職大学院を

中心に、教育現場でのインターンシップやフィールドでの経験とその省察が重視されている。

「知識・技能を活用して課題を解決するために必要な思考力・判断力・表現力等」や「汎用的スキル」を育成すべく、言語活動の充実、あるいはアクティブラーニングといった形で、「新しい学び」を創出していくことが求められる中、教師自身がそうした学びを経験することの重要性が高まっている。しかし、高等教育においてアクティブラーニングが求められる背景の一つとして、大学での学びが社会で求められる「実力」の育成につながっていないのではないかという、大学から社会への移行の問題があることを忘れてはならない。特に大学の教員養成においては、理論と実践との往還を通して、実践的指導力の基礎を育成することが求められており、そういった文脈においてアクティブラーニングの実践は展開される必要がある。

次期学習指導要領に向けた議論の中でも、「何を知っているか」（内容の習得）に止まらず、「何ができるようになるのか」（学んだ内容を使ってどのように社会・世界と関わり、よりよい人生を送るか）という観点から、教育目標やカリキュラムのあり方を見直すことが提起されており、内容ベースからコンピテンシー（資質・能力）・ベースへのカリキュラム改革が、初等・中等教育から高等教育にわたって展開しつつある（石井, 2015d, 2015b）。アクティブラーニングの実践が活動主義に陥ることを防ぐ上でも、資質・能力を含んで教育目標をどう明確化し、その評価のあり方をどう構想するかがポイントとなる。その際、以下の2つのことが課題となる。

一つは、断片的なスキルのリスト化に陥ることなく、全人的かつ汎用的な資質・能力をどう目標として明確化するかを問うことである。「ルーブリック」が一人歩きしている高等教育の評価実践の傾向においては、この点を問うことは特に重要であろう。もう一つは、そうした資質・能力の育ちを、一科目で完結するのではなく、大学生活全般にわたって長期的にどう評価し支援していくのかを問うことである。

教師教育改革においては、「学び続ける教員」に向けて大学で育成しうる実

践的指導力の基礎を明確化すること、および、その育ちを「履修カルテ」などを用いて長期的、体系的に評価していくことが求められており、上記の課題は教職実践演習において集約的に問われている。そこで、これらの視点を念頭におきながら、以下、京都大学における教職課程ポートフォリオの取り組みについて紹介していく。

第2節　京都大学における教員養成カリキュラムの特徴

(1) 教職課程ポートフォリオを軸にしたカリキュラムの体系化

　京都大学はこれまで、研究型総合大学としての特長を生かし、豊かな学識と高い教科の専門性を身につけた中高の教員を多数輩出してきた。教職課程の導入的な科目である教職教育論については、全学で400名近い学生が履修する。そして、170〜200名程度が教育実習に行き、毎年約30〜40名程度が最終的に教員として採用されている。

　京都大学では、教職課程に関わる教育活動は、全学の教職教育委員会の責任において行われている。教育学研究科・教育学部は、教育学研究と研究者養成を主たる目的としているが、教職課程の責任部局として、その実際の運用（教職科目の企画・提供、教育実習・介護等体験などの受付や指導）を担当している。

　京都大学の教員養成の特徴的な取り組みの一つとして、教職実践演習導入に伴い、教職課程ポートフォリオを軸にした新入生段階からの系統的なカリキュラムの体制をデザインしたことがあげられる。ポートフォリオとは、「子どもの作品や自己評価の記録、教師の指導と評価の記録などを系統的に蓄積していくもの」を意味し、ポートフォリオ評価法とは、「ポートフォリオづくりを通して、子どもが自らの学習のあり方について自己評価することを促すとともに、教師も子どもの学習活動と自らの教育活動を評価するアプローチである」（西岡他、2015、161-162頁）。効果的に学習者の自己評価を促す上で、蓄積した作品を取捨選択したり編集したりする機会やポートフォリオ検討会

(ポートフォリオを使って、学習者が学びの履歴を関係者に披露しつつ、学習の到達点と課題、次の目標や学習の見通しを確認する)を持つことが重要である。

　学生たちは、教職課程の履修開始時から教職課程ポートフォリオを軸にして系統的に学習を積み重ねていく(図3-1を参照)。京都大学が開発した「履修カルテ」は、教師に求められる力量を後述の5つの柱でまとめ、それぞれについて評価基準を示したものである。教職課程の担当教員は、学生たちがポートフォリオにどのような資料を残していくのかを念頭に置きながら教育活動を実施していく。学生たちも、教師に求められる力量を念頭に置きながら学習を進めていく。

　まず、1回生などを対象に、教職課程の履修を希望する学生へのオリエンテーションを行い、ポートフォリオの作り方などを説明する。ポートフォリオの作成とそれに基づく振り返りを促すべく、教職教育論の授業を用いたり、それに特化した時間を設定したりするなどして、年に4回程度、ポートフォ

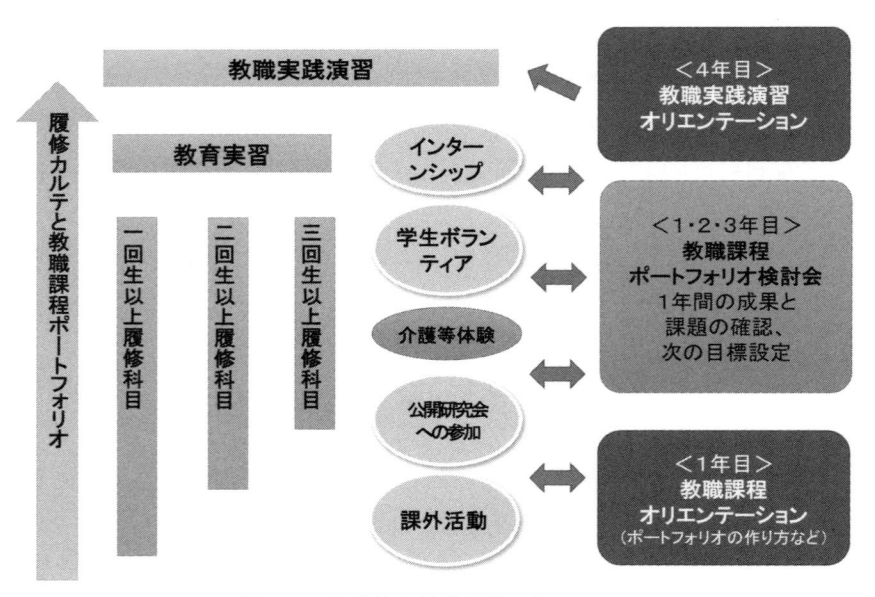

図3-1　系統的な教職指導のシステム

リオ検討会を実施している。教育実習に行く前には、その事前指導とセットで教職実践演習のオリエンテーションを行っている。そこでは，履修カルテに記された評価基準を確認しつつ、教師の力量の5つの柱に照らしてどういうところが自分の課題なのかを考えるよう促し，実習に先立ってポートフォリオを作成し自己評価するように指導する。そうして課題意識を持って実習に臨み、教職実践演習では、教育実習での経験も振り返るとともに、自らの課題を明らかにし、それを補充するような活動をしていくという流れになっている。

(2) 教師に求められる力量の5つの柱

京都大学では、教師に求められる力量を5つの柱で捉えている（図3-2を参照）。まず、教師の仕事を大きく教科教育と教科外の活動に分け、それぞれについて、知識・技能を知っている、わかるという教養・認識の側面と、実

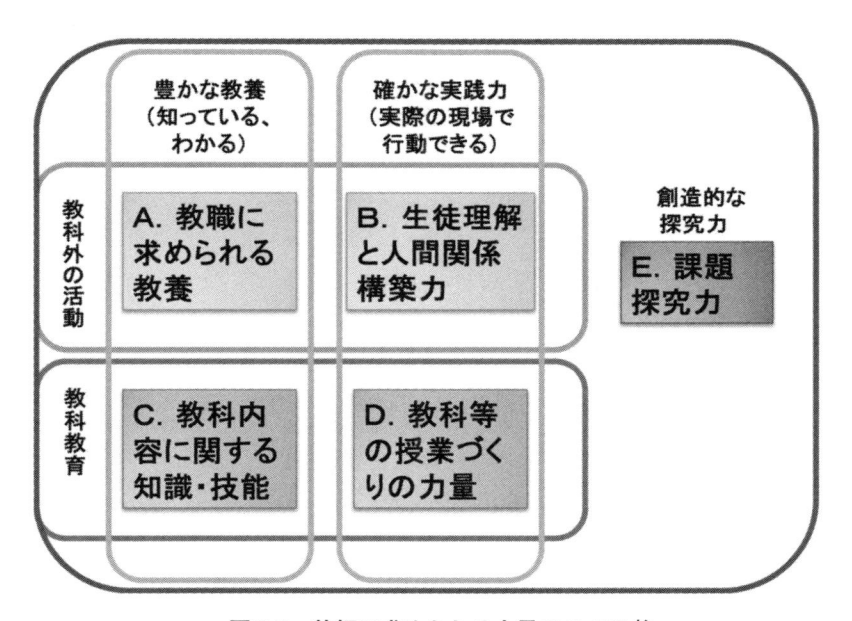

図3-2 教師に求められる力量の5つの柱

際の現場で行動できるという実践力の側面があると捉える。これにより、A「教職に求められる教養」、B「生徒理解と人間関係構築力」、C「教科内容に関する知識・技能」、D「教科等の授業づくりの力量」が設定される。さらに、A～Dのような教育実践に固有の専門的力量に加えて、創造的な探究力としての「課題探究力」を柱Eとして位置づけている。

　表3-1としてあげた、「教職実践演習」に際して文科省が示した「含めることが必要な事項」と比較することで、京都大学の5つの柱の特徴を明らかにしておこう。第一に、5つの柱では、「教科・保育内容等の指導力に関する事項」の内容を、C「教科内容に関する知識・技能」とD「教科等の授業づくりの力量」とに分けている。こうして、「教科内容に関する知識・技能」を独立した柱として設定することで、教科の本質をつかむことの重要性、さらに学問する経験の意義、教科の内容を深めたり論文を書いたり研究したりすることの重要性を示している。

　第二に、E「課題探究力」を独自に設定した背景には、研究的に学び続ける教師を育てたいという思いがある。また、大学の設定した枠を超える学びの余地を残したいとも考えている。一部の学生からは、履修カルテなどで枠づけられず自分で自由に学びたいという声を聞くこともある。そうした声に対しては、それならば自分が教師になる上でこれが必要だと思ってやったことをE「課題探究力」の柱に蓄積してほしいと説明している。大学の設定した枠を超えた自主的な課外活動、サークル活動などさまざまな学習機会があるので、そういうものにも積極的に参加してもらいたいと考えている。

　さらに、「使命感や責任感、教育的愛情等に関する事項」が、規範意識、信念、態度を直接的に目標としているのに対して、5つの柱では、そうした情意形成の基盤となる「教職に求められる教養」の理解を目標としている。教師としての使命感や教育に関するさまざまな信念の発達は、教師教育の重要な目的の一つであるが、それは評定の対象とすべきではなく、学習者自身がそれらの中身を定義し、態度を自己形成していく過程を尊重し、支援することが必要であろう。

(3) 研究型総合大学における教員養成のヴィジョン

　京都大学の教員養成カリキュラムでは、上記の5つの柱にまとめられた力量の形成の先に「学問する」教師という教師像が展望されている(石井, 2013, 2014)。先述のように、現代社会は、学校が知識・技能を量的に保障するだけでは満足せず、高度で柔軟な知的能力や、異質な他者とのコミュニケーション能力といった学力の質の追求をも学校に求める。考える力や態度を育てるには、内容を学び深めることが必須であり、そのプロセスでその教科の知的営みの本質に触れるような授業(「教科する(do a subject)」授業)がめざされる必要がある(石井, 2012, 2015a)。そして、そうした「教科する」授業は、教科のより高い専門性を教師に要求するし、「総合的な学習の時間」などでの探究的な学びを指導する上では、教師自身の学問する・研究する経験が重要である。しかも、思考力・判断力・表現力の育成は、一朝一夕になされるものではなく、中長期的な視野での実践が求められる。しかし、1990年代以降、教育研究においても、教員養成改革においても、教科の専門性(教科内容構成や教材開発の力量)よりも、授業の指導技術や学級経営力などが強調されがちであった。

　また、学校教育をめぐる問題が複雑化する中、教師個々人や教師集団の問題解決能力や変化への対応力が求められている。そしてそれらは、実践的な問題解決過程において、「なぜ」と問いを立てて探究を進め、理論的知識をアレンジしたり、暗黙知から形式知を創造したりしていくことで、より柔軟で汎用性をもったものとなっていく。しかし、教育現場において知識創造に向かう余裕や日常的な語らいの機会が減少し、教員養成改革において即戦力的な実践的指導力が強調される中で、教師や学校の実践研究・理論創出の能力や問題を深く洞察する能力がやせ細ることが危惧される。

　こうした問題を是正し、特に、中等教育を担う教員の養成について教職の高度化・専門職化を実現していく上で、「大学における教員養成」原則が追求してきた価値や大学の教育機能の内実を、教師教育システム全体の中で自覚的に追求していくことが重要だと考える(図3-3を参照)。すなわち、教科の

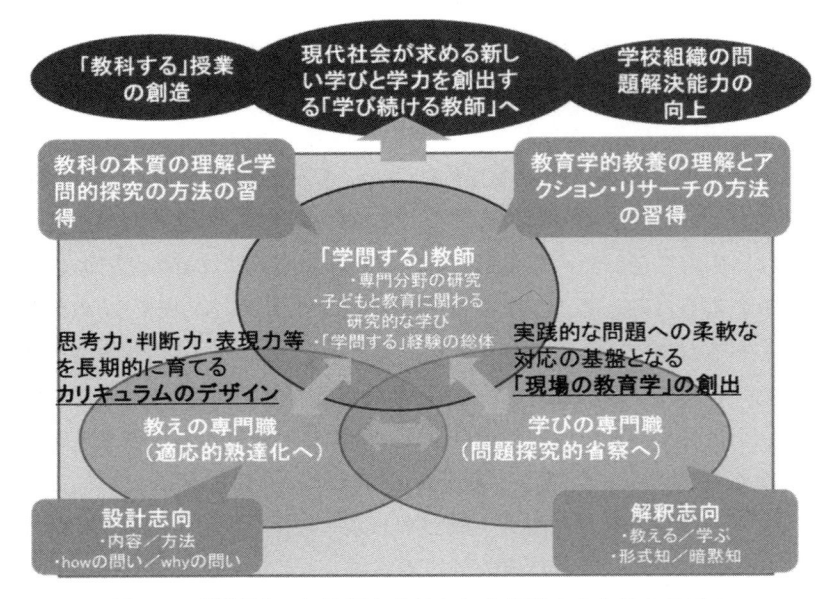

図3-3 「学問する」教師を基軸とした教職の高度化のモデル

*石井（2014, 25頁）より抜粋。

　専門分野や教育分野における、さらにはそれらに直接的に関係のない分野における、学問的知識や教養(探究の結果)、および、学問する・研究する経験(探究のプロセスや、それに伴う発見の悦びなどの情動体験)の意味(例：教科の本質の理解と学問的探究の方法の習得、教育学的教養の育成とアクション・リサーチの方法の習得など)に注目するわけである。「学問する」教師という教師像は、こうした教職の高度化のヴィジョン(方向目標)を表現するものであり、5つの柱のような教員養成スタンダード(到達目標)の妥当性やその具体化のあり方は、このヴィジョンに照らして絶えず検討されるのである。

第3節　京都大学における教職課程ポートフォリオの取り組み

(1) 教職課程ポートフォリオの構成

　京都大学の教職課程では、次の4種類の「履修カルテ」を開発した。①「履修カルテ(単位修得状況)」は、免許取得に必要な単位がもれなく習得できているかを確認するためのものである。②「履修カルテ(自己評価用チェックリスト)」は、先述の5つの柱ごとに、目標達成の確認指標などを列記したものである(表3-2)。③「履修カルテ(自己評価用ルーブリック)」は、同じく5つの柱ごとに、「学び始め」「教育実習1年前」「教育実習前」「教職課程終了時」のそれぞれにおいて期待されるレベルを示したものである(表3-3)。④「履修カルテ(大学への提出用)」は、各年度において達成できた確認指標とレベル、次年度の課題、教職課程に関する意見・感想・質問などを書き込んで大学に提出するものである(表3-4)。

　教職課程を履修する学生たちは、クリアファイルやクリアブックを準備し、最初に表紙や履修カルテなどをファイリングし、残りの部分について、**表3-5**のような頁を扉として、5つの柱に対応して5つのセクションを構成し、教職に関わる学びの履歴や成果物をファイリングし蓄積していく。表3-5のように、扉のページには、AからEの5つの柱ごとにメインの成果資料，その他残しておくべき資料を示し、それぞれの柱について確実に合格レベルに到達できるような取り組みを促している。必須の成果資料として、Aは学級経営案あるいは学級経営の事例を分析したレポート、Bは学校において生徒等との人間関係を構築した活動の記録、Cは教材研究の記録、Dは学習指導案と振り返りメモ、Eは自由課題に関するレポートの5つを指定している。

(2) ポートフォリオをもとにした学びの振り返り

　学生たちは、教職課程での学びに止まらず、大学での学び全体や大学外での学びをも対象にしながら、教師として求められる力の成長という観点か

表3-2 履修カルテ（自己評価用チェックリスト）

京都大学教職課程　履修カルテ（自己評価用チェックリスト）

所属：　　　　　　　　　　入学年度：　　　　　　　　　　学生番号：

I．含めることが必要な事項	①使命感や責任感、教育的愛情等に関する事項	②社会性や対人関係能力に関する事項	③生徒理解や学級経営等に関する事項
到達目標	○教育に対する使命感や情熱を持ち、常に生徒から学び、ともに成長しようとする姿勢が身に付いている。	○教員としての職責や義務の自覚に基づき、目的や状況に応じた適切な言動をとることができる。	○生徒に対して公平かつ受容的な態度で接し、豊かな人間的交流を行うことができる。
	○高い倫理感と規範意識、困難に立ち向かう強い意志を持ち、自己の職責を果たすことができる。	○組織の一員としての自覚を持ち、他の教職員と協力して職務を遂行することができる。	○生徒の発達や心身の状況に応じて、抱える課題を理解し、適切な指導を行うことができる。
	○生徒の成長や安全、健康を第一に考え、適切に行動することができる。	○保護者や地域の関係者と良好な人間関係を築くことができる。	○生徒との間に信頼関係を築き、学級集団を把握して、規律ある学級経営を行うことができる。

II．求められる力量	A．教職に求められる教養		B．生徒理解と人間関係構築力
目標到達の確認指標　※達成できた項目の□は■に変えること。	□A1　生徒理解の重要性や、教員が担う責任の重さを理解している。	□A6　教職の意義や役割、職務内容、生徒に対する責務等を理解している。	□B1　教員の使命や職務について基本的な理解に基づき、自発的・積極的に自己の職務を果たそうとする姿勢を持っている。
	□A2　憲法、教育基本法など、学校教育に関する基本的な法律の趣旨を理解している。	□A7　生徒を一つの学級集団としてまとめていく手法を身につけている。生徒の特性や心身の状況、人間関係、集団としての特徴を把握した上で学級経営案を作成することができる。	□B2　気軽に生徒と顔を合わせたり、相談に乗ったりするなど、親しみを持った態度で接することができる。
	□A3　人権教育、特別支援教育、民族教育などについて、基本的な知識を身につけている。	□A8　学級担任の役割や実務、他の教職員との協力の在り方等を理解している。	□B3　生徒の声を真摯に受け止め、生徒の健康状態や性格、生育歴等を理解し、公平かつ受容的な態度で接することができる。
	□A4　個々の生徒の特性や状況に応じた対応を修得している。	□A9　他の教職員と協力した校務運営の重要性を理解している。学校組織の一員として、独善的にならず、協調性や柔軟性を持って、校務の運営に当たる必要性を理解している。	□B4　他者（他の教職員）の意見やアドバイスに耳を傾けるとともに、理解や協力を得ながら、自らの職務を遂行することができる。
	□A5　歴史的かつ体系的な視点から、現代社会における教職の置かれた状況を理解している。	□A10　保護者や地域との連携・協力の重要性を理解している。保護者や地域の関係者の意見・要望に耳を傾けるとともに、連携・協力しながら、課題に対処することの重要性を理解している。	□B5　挨拶や服装、言葉遣い、他の教職員への対応、保護者に対する接し方など、社会人としての基本が身についている。

III．教職実践演習の授業内容例			
	いじめや不登校、特別支援教育等、今日的な教育課題に関しての役割演技（ロールプレイング）や事例研究、実地視察等	教育実習等の経験を基にした学級経営案の作成、実際の事例との比較等	休み時間や放課後の補充指導、遊びなど、生徒と直接関わり合う活動の体験
	個々の生徒の特性や状況を把握し、生徒を一つの学級集団としてまとめていく手法についての役割演技（ロールプレイング）や事例研究等	様々な場面を想定した役割演技（ロールプレイング）や事例研究	学校における校外学習時の安全管理
			学校における現地調査（フィールドワーク）
		現職教員との意見交換	関連施設・関連機関（社会福祉施設、医療機関等）における実務実習や現地調査（フィールドワーク）

氏名：

	④教科等の指導力に関する事項	
○教科書の内容を理解しているなど、学習指導の基本的事項（教科等の知識や技能など）を身につけている。		
	○板書や話し方、表情など授業を行う上での基本的な表現力を身に付けている。	
	○生徒の反応や学習の定着状況に応じて、授業計画や学習形態等を工夫することができる。	

C. 教科内容に関する知識・技能	D. 教科等の授業づくりの力量	E. 課題探究力
□C1 学習指導の基本的事項（教科等の知識や技能）を身につけている。	□D1 教員としての表現力や授業力、生徒の反応を生かした授業づくり、皆で協力して取り組む姿勢を育む指導法等を身につけている。	□E1 自己の課題を認識し、その解決に向けて、自己研鑽に励むなど、常に学び続けようとする姿勢を持っている。
□C2 自ら主体的に教材研究を行うとともに、それを活かした学習指導案を作成することができる。	□D2 板書や発問、的確な話し方など基本的な授業技術を身に付けるとともに、生徒の特徴を的確に把握し、生徒の反応を生かしながら、集中力を保った授業を行うことができる。皆で協力して取り組む姿勢を育む指導法等を身につけている。	□E2 社会状況や時代の変化に伴い生じる新たな課題や生徒の変化を、進んで捉えようとする姿勢を持っている。
□C3 教科書の内容を十分理解し、教科書を介して分かりやすく学習を組み立てるとともに、生徒からの質問に的確に答えることができる。	□D3 基礎的な知識や技能について反復して教えたり、板書や資料の提示を分かりやすくするなど、基礎学力の定着を図る指導法を工夫することができる。	□E3 創造性のある指導計画（指導案、学級経営案など）を作成し、それに基づく実践をしようとする姿勢を持っている。
	□D4 誠実、公平かつ責任感を持って生徒に接し、生徒から学び、共に成長しようとする意識を持って、指導に当たることができる。	□E4「児童生徒にこれだけは伝えたい」と思えるような体験談、メッセージなどを持っている。
	□D5 生徒の成長や安全、健康管理に常に配慮して、具体的な教育活動を組み立てることができる。	

教科書にある題材や単元等に応じた教材研究の実施	教材・教具、学習形態、指導と評価等を工夫した学習指導案の作成	
教科内容に関する幅広い/深い知識・技能の習得	模擬授業の実施	

表3-3　履修カルテ（自己評価用ルーブリック）

京都大学教職課程　履修カルテ（自己評価用ルーブリック）

※達成できたレベルの□を■に変えること。　　　　　所属：

Ⅱ．求められる力量	A．教職に求められる教養	B．生徒理解と人間関係構築力
6．合格レベル（優）（教職課程修了時）	□単位修得した科目で得た知識をもとに、学校で起こる様々な事象について的確に観察し、その知見を踏まえて、生徒の発達を効果的に促すような学級経営案を書くことができる。	□多様な生徒たちの様々なニーズに配慮し、公平かつ受容的な態度で接するとともに、一人ひとりの生徒を伸ばすような関わりができる。様々な関係者の理解や協力を得ながら、自分の職務を効果的に果たすことができる。
5．合格レベル（良）（教職課程修了時）	□単位修得した科目で得た知識をもとに、学校で起こる様々な事象について観察し、その知見を踏まえて、生徒の発達を促すような学級経営案を書くことができる。	□様々な生徒に対し、積極的に関わることができる。指導教員からのアドバイスを取り入れつつ、生徒への関わりを改善することができる。
4．合格レベル（可）（教職課程修了時）	□単位修得した科目で得た知識をもとに、学校で起こる様々な事象について観察し、その知見を踏まえた学級経営案を書くことができる。もしくは、学級経営案の項目を視点に実践事例を分析することができる。	□生徒に対し、自分から関わろうとする姿勢を示している。求められている職務を自主的に、期限を守って行うことができる。
3．教育実習前に求められる準備レベル（およそ3回生終了時）	□必要な単位の少なくとも3分の2程度を修得している。学級経営案の基本的な書き方を知っている。	□生徒に対し、親しみをもった態度で接した経験がある。（介護等体験において、適切に行動できる。）
2．教育実習1年前に期待されるレベル（およそ2回生終了時）	□必要な単位の少なくとも3分の1程度を修得している。	□社会人としての基本的なマナー、ルールを守って行動できる。
1．学び始めのレベル（およそ1回生終了時）	□日本国憲法の単位を修得している。	□様々な友人と接したり、深く語り合ったりして、人間としての幅を広げている。

第3章　教員養成におけるポートフォリオ評価　57

入学年度：　　　　　　学生番号：　　　　　　氏名：

C. 教科内容に関する 知識・技能	D. 教科等の授業づくりの力量	E. 課題探究力
□教科内容を幅広く深く理解し、魅力的・効果的な指導を展開できる知識・技能を身につけている。二つ以上の単元について、生徒たちの発想やつまずきを予め想定し、生徒たちを引きつけつつ力をつける授業づくりに役立つような教材研究を行っている。	□生徒の特徴を把握し、それに対応できる様々な指導上の工夫を行って、すべての生徒に効果的な学習を促すような魅力的な授業を実践することができる。	□常に新しいことにチャレンジする姿勢をもち、自己研鑽に努めている。自分の資質・能力を活かすような、優れた創造力を発揮している。
□教科書の基本的な内容を、的確に理解している。二つ以上の単元について、魅力的・効果的な指導に役立つような教材研究を行っている。	□生徒の特徴を把握し、それに対応できる様々な指導法を用いて、多くの生徒の集中を途切れさせないような授業を実践することができる。	□教育実習を修了するとともに、自分の到達点と課題を的確に自覚している。様々な学習機会を積極的に活用し、効果的に力量形成を図っている。
□教科書の内容を、一通り理解している。少なくとも一つの単元について、指導に役立つような教材研究を行っている。	□基本的な指導技術を使って、筋の通った1時間の授業を実践することができる。	□教育実習を修了するとともに、自分の到達点と課題を自覚している。課題を克服するための努力を始めている。
□必要な「教科に関する科目」の単位について少なくとも3分の2程度を修得している。教育実習で教える単元について、必要な知識・技能を身につけている。	□教科教育法を少なくとも一つは履修し、学習指導案の基本的な書き方を知っている。模擬授業を少なくとも1回は行い、多人数に対して話すことのイメージを把握している。	□教育実習生であっても、生徒の前では一人の教師としての責任を担うことを自覚している。「生徒にこれだけは伝えたい」と思えるような体験談、メッセージなどを持っている。
□必要な「教科に関する科目」の単位について、少なくとも3分の1程度を修得している。	□様々な人に対して、自分の思いや意見を、わかりやすく伝えることができる。	□課題探究の基本的な方法（調査の仕方、ゼミ発表の仕方、レポートの書き方など）を身につけている。
□体育、外国語コミュニケーション、情報機器の操作などの単位を修得している。	□身近な人に対して、自分の思いや意見を伝えることができる。	□自己成長にとって必要だと自分で確信できるような体験をしている。

表3-4　履修カルテ(大学への提出用)の記入例

京都大学教職課程　履修カルテ(大学への提出用)

所属：〇〇〇〇　　　　　　　　　　回生：3

連絡先(電話)：〇〇〇〇　　　　　　連絡先(メール)：

取得希望免許の学校階梯：高等学校　　取得希望免許の教科：

II. 求められる力量	A. 教職に求められる教養	B. 生徒理解と人間関係構築力
これまでに達成できた「目標到達の確認指標」※履修カルテ(自己評価用チェックリスト)を参照	A1,2,3,5,6 △	B1,3 ねぎらう気持ちは常に持っておきたいものだと思う。 B5 △
現在のレベル※履修カルテ(自己評価用ルーブリック)を参照	3. 教育実習前レベル	3. 教育実習前レベル
教職課程ポートフォリオに蓄積した成果資料のリスト	・教職のレポート ・教師力アップゼミの自主勉強会での資料 ・自主勉強会から、さらに自主的なとりくみをしたもの(調べ物) ・3回生の夏、教育大会に参加したときの資料	・キャンパスガイドのパンフ
力量形成の達成状況に関するコメント(順調か？ 主な達成点は？)	A 教養は、教員採用試験のためにも、確実に身につける必 大学でサークルに入っていないので、人間関係や人間関係も 文学部の言語学や社会学の授業を通して、教職・教育にも	
自分にとって、次年度の主な課題は何か？	3ヶ月後にある教育実習を充実したものにするための準備 教員採用試験のために、基礎的な知識の理解と表現の	
意見・感想・質問など	この欄の一番上の「目標到達の確認指標」についてだが できないものがあると感じた。(教員になってもチェックリストを使 考えることのあった一年であった。忘れないうちに形に残してポートフォ	
「Moodle@京大・教育」には登録済みですか？	(はい)・いいえ ※「いいえ」の方には登録を勧めます。	今年度、教職課程ポートフォリオ検討会に参加しましたか？

第3章 教員養成におけるポートフォリオ評価　59

提出年月日：□年 2月 27日

氏名：○○○○　　　学生番号：○○○○
○○○○

国語科　　免許取得希望年月：■年3月（あと 1 年）

C. 教科内容に関する知識・技能	D. 教科等の授業づくりの力量	E. 課題探究力
C1 C2 教科書教材を用いた実践例を書籍で見るなどした。	D3,4 一年間家庭教師として英語を教えたが、生徒が教えたことをできるようになった時、生徒の成長を感じて感動するという体験ができた。	E1 古典作品や本を読んで知識を得たり考えを深めたりしようとした。 E4 学んだことをメモしたりしている。
3.	3.	3.
・国語科教育法のレポート（指導案・教材研究） ・自主的な教材研究（メモ程度ですが） ・教材として使えそうな古典作品のコピー（ごく少数）	なし。	・教師力アップゼミの資料 ・模擬面接の資料 ・自己ピーアール票 など。

要がある。
…ら得られる経験が乏しいのが、不安な要素である。
いわゆる示唆が得られたように思う

（教材研究、指導案 など）、
…しかたを身につけること。

…教育実習をしてみたり、実際に教員になってみないと、到達したとチェックすることが、
…して下さったのが意図と私の口深読みか。)／3回生までの一年は、本当に教職のことを含め、いろいろ
…材にしたいものである。　※ご質問には、「Moodle@京大・教育」の掲示板（フォーラム）で回答します。

（はい）（参加した日：○年 12月（3日）・いいえ

*出典：西岡他、2013、122頁。

表3-5　セクションの扉

目標に到達したことを示す成果資料
セクションＡ．教職に求められる教養

■趣旨

　教師になると、授業を教えるだけでなく、学級担任などとして生徒を指導する役割を担うこととなります。そこで教師には、個々の生徒の発達やニーズ、生徒たちの間の人間関係、人権、法律、他の教職員や保護者との協力といった様々な要素に配慮した人間関係構築力、生徒指導力が求められます。

　このセクションでは、対応する科目の単位修得等を通して、<u>人間として、教師として求められる教養</u>を身につけていきましょう。そのような教養は、上述したような実践力の基礎となります。

■下記は、期待される水準の目安を示したものです。

レベル	期待される水準	レベル到達の確認年月日	
		自己評価	教員の確認
６．合格レベル（優） （教職課程修了時）	修得した単位で得た知識をもとに、学校で起こる様々な事象について的確に観察し、その知見を踏まえて、生徒の発達を効果的に促すような学級経営案を書くことができる。		
５．合格レベル（良） （教職課程修了時）	修得した単位で得た知識をもとに、学校で起こる様々な事象について観察し、その知見を踏まえて、生徒の発達を促すような学級経営案を書くことができる。		
４．合格レベル（可） （教職課程修了時）	修得した単位で得た知識をもとに、学校で起こる様々な事象について観察し、その知見を踏まえた学級経営案を書くことができる。		
３．教育実習前に求められる準備レベル （およそ３回生終了時）	必要な単位の少なくとも３分の２程度を修得している。学級経営案の基本的な書き方を知っている。		
２．教育実習１年前に期待されるレベル （およそ２回生終了時）	必要な単位の少なくとも３分の１程度を修得している。		
１．学び始めのレベル （およそ１回生終了時）	日本国憲法の単位を修得している。		

ルーブリック

■下記の目標については、主として次に示した
　対応する科目等によって到達をめざすことになります。

チェックリスト（目標到達の確認指標と対応する科目）

目標到達の確認指標	対応する科目等	関連する科目
□A1　生徒理解の重要性や、教員が担う責任の重さを理解している。	教職教育論	全科目
□A2　憲法、教育基本法など、学校教育に関する基本的な法律の趣旨を理解している。	日本国憲法	*教育行政学概論I・II*
□A3　人権教育、特別支援教育、民族教育などについて、基本的な知識を身につけている。	教育実習直前オリエンテーション	*道徳教育論*
□A4　個々の生徒の特性や状況に応じた対応を修得している。	教育心理学I・II・III 生徒指導論 生徒指導の精神と具体的方策 教育相談	
□A5　歴史的かつ体系的な視点から、現代社会における教職の置かれた状況を理解している。	比較教育学/教育学概論I/教育人間学概論I 比較教育制度論/教育社会学概論I/教育行政学概論I・II/教育学概論II	
□A6　教職の意義や役割、職務内容、生徒に対する責務等を理解している。	教職教育論	
□A7　生徒を一つの学級集団としてまとめていく手法を身につけている。生徒の特性や心身の状況を把握した上で学級経営案を作成することができる。	特別活動の理論と実践 教育相談	*道徳教育論*
□A8　学級担任の役割や実務、他の教職員との協力の在り方等を修得している。	教職教育論 特別活動の理論と実践	
□A9　他の教職員と協力した校務運営の重要性を理解している。学校組織の一員として、独善的にならず、協調性や柔軟性を持って、校務の運営に当たる必要性を理解している。	教職教育論 教育相談	
□A10　保護者や地域との連携・協力の重要性を理解している。保護者や地域の関係者の意見・要望に耳を傾けるとともに、連携・協力しながら、課題に対処することの重要性を理解している。	教職教育論 教育相談	

■ポートフォリオには、次のような成果資料を残しましょう（下線部は必須）。

- 生徒の発達や特別なニーズなどに関するレポート（A1、A4）
- 生徒に関する観察記録（A1、A4）　　※生徒の個人情報を記載しないこと。
- 人権保障に関する考察レポート（A2、A3）
- 教師の役割、学校組織などに関するレポート（A5、A6、A7、A8、A9、A10）
- 先行する実践事例に関するレポート（A6 など）
- <u>学級経営案（生徒理解や学校のあり方に関する考察に裏付けられたもの</u>

成果資料の例

ら、主体的な学びを積み重ね、成果資料を蓄積しつつ、自らの学びを振り返っていく。教職に関する学びを積み重ねていって、ポートフォリオを作ったり、検討会などに参加して折に触れて再構成したりすることで、それまでの学びを5つの柱を視点にしてまとめ直すわけである。こうしてポートフォリオの取り組みを通じて、教育実習、採用、さらには教師としてのキャリアデザインにつなげることを期待している。

　ポートフォリオを使った学びについて、ある学生は次のように振り返っている。「このポートフォリオを作ることになって、今までの自分の学習成果でこのポートフォリオに入れられそうなものを集めて、とりあえず柱に入れてみました。すると、『私はセクションAとセクションBに入れる資料をほとんど持っていない』ということに気が付きました。……私は教科の事ばかり考えていて、教職のプロとしての知識を習得することを全然意識できていな

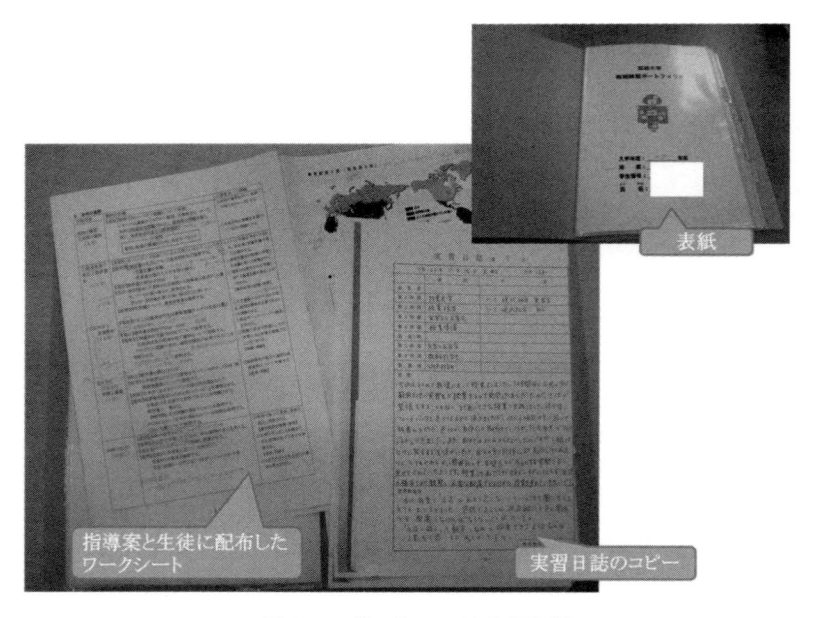

図3-4　ポートフォリオの実例

い、ということにここで気づかされました。……それから、また全然資料が入らなかったセクションBの「生徒理解と人間関係構築力」ですが、ここは結局教育実習に行くまでほとんど資料を入れられず仕舞いだったので、実習に行く時は生徒と信頼関係を築くことを大事にしよう、と強く思って臨みました。……そこで……作ったのがこの似顔絵入りの座席表です。……これは教職についてからずっと役立てたいなと思ってこのポートフォリオに入れています。……全体を通しまして、ポートフォリオは私の教職の学びのバロメーターになっていると思います。やはり資料が入っていないところはその分野が手薄になっているということをすぐに感じられますので、これではいけないと思って軌道修正をしてそちら側の勉強も進めていくといったように、バランスの良い学びをするパートナーとなっています。」また別の学生は、「何もポートフォリオを作るために何か特別な経験をするのではなくて、自分の経験を活かす——例えばE.FORUMに行った、それっきりだったらあまり自分の力が付かないかもしれないですが、その行ったことを何か自分の糧にすることによって成長できるんじゃないかなということでした」と、自らの経験を省察する上でのポートフォリオの意味について述べている[1]。

　主に2・3回生を対象とした教職課程ポートフォリオ検討会では、4回生や大学院生の先輩たちにポートフォリオをもとに発表してもらい、上記のような教職課程の学びの振り返りを語ってもらうようにしている。さらに、ポートフォリオを用いて学びを振り返る学生の姿を京都大学のOCW（オープンコースウェア）で公開している（http://edit.ocw.kyoto-u.ac.jp/ja/03-faculty-of-education-jp/13-9302001）。こうした取り組みにより、ポートフォリオ作りのイメージを形成することを意図している。また、振り返りの中には、それぞれの学生が、何を、どこで、どのように学んできたのかが表れており、こうした先輩たちの学びの履歴を知ることで、後輩たちは教職課程の学びを進めていく上での参考にすることができる。

　4回生後期の教職実践演習では、ポートフォリオを一つのツールとしながら学生たちが、教育実習も含めた、自らの大学での学び全体の振り返りを

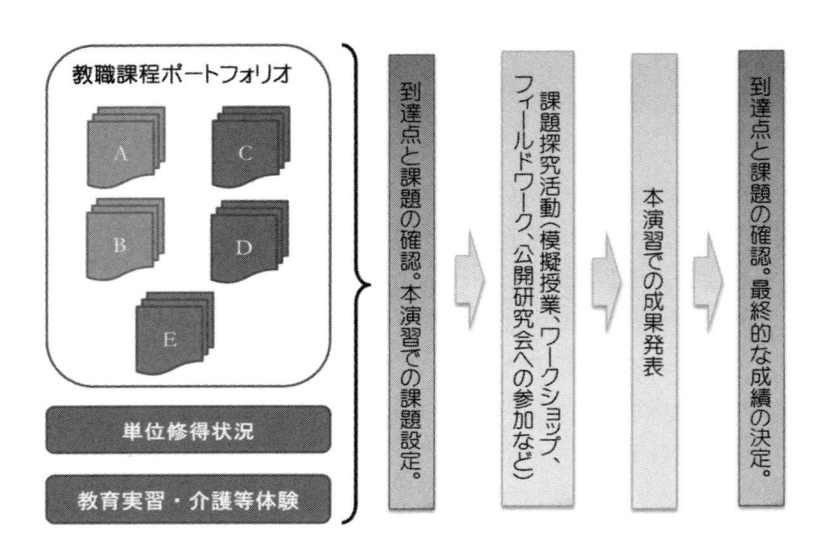

図 3-5　教職実践演習の進め方

行って、そこで課題を確認し、足りていないところやもっと伸ばしたいところを明確にしながら、課題を共有する者同士でグループを組み、模擬授業をしたりワークショップに参加したりと、課題探究活動を行っていく（**図3-5**を参照）。ちょうど11月は京都市内や各地で様々な公開研究会が開催されているので、そうした場に積極的に足を運びレポートしたりすることも促している。こうして自分たちで活動した成果については、授業の場で発表することで、それぞれが探究したことを共有し、最終的に履修カルテに即して到達点と課題を確認していく。なお、教師としての力量形成のポイントを示し、学生達が主体的に学習に取り組む際の手引きとなるテキストとして、『教職実践演習ワークブック―ポートフォリオで教師力アップ』を作成し、ミネルヴァ書房から刊行している。

第4節　おわりに

　以上のような教職課程ポートフォリオを軸にした、教員養成の指導と評価のシステムについては、履修カルテに示したルーブリックやチェックリストが能力や学習経験を断片化するものになったり、それらを順次達成していくような受動的で機械的な学習に陥ったりしないよう注意が必要である。この点について、ポートフォリオ評価法の背景にある、パフォーマンス評価の基本的な考え方を確認しておくことが有効である。

　パフォーマンス評価とは、思考する必然性のある文脈で生み出される学習者の振る舞いや作品を手がかりに、概念の意味理解や知識・技能の総合的な活用力を質的に評価する方法であり、ポートフォリオ評価法もその一つの形である。テストをはじめ従来型の評価方法では、評価の方法とタイミングを固定して、そこから捉えられるもののみ評価してきた。これに対して、パフォーマンス評価は、課題、プロセス、ポートフォリオ等における表現を手掛かりに、学習者が実力を発揮している場面に評価のタイミングや方法を合わせるものと言える。そしてそれは、個別の技能を実行すること(機械的な作業：ドリル)ではなく、概念や方略等を総合して問題を解決したり判断したりすること(思考を伴う実践：ゲーム)を評価しようとする点に特徴がある(石井, 2015a, 2015b)。

　教員養成スタンダードも含め、到達目標を明確化するという場合、最終的なゴールを、ドリルで機械的に訓練できる要素(行動目標)に分解しがちであった。たとえば、授業で学生に模擬授業をやらせる際に、「一時間の授業を成立させることができる」という目標を設定したなら、その最終的なゴールは、「わかりやすく説明できる」「丁寧な板書ができる」「グループ活動を効果的に活用できる」などの要素に、さらには「わかりやすく説明できる」という要素は、「すべての生徒に聞こえる声で話せる」「伝えたいポイントを明確にして話せる」といったより細かな要素へと分解される。そして、模擬授業でその行動目標のリストが「できる・できない」でチェックされていくわけである。

しかし、こうやって目標を細分化しても、要素の総和に解消されない最終的なゴール（ゲーム）自体の成功イメージはかならずしも明らかにならない。説明、板書、グループ活動といった一つ一つの要素が上手だからといって、「一時間の授業を成立させることができる」とは限らない。逆に、板書がうまくなくても、語りの技術でそれを補うことで巧みに授業を組織する教師もいる。「1時間の授業を成立させることができる」という最終的なゴールを検討する際に重要なのは、個別的な技能の何をどう組み合わせるのかに関する実践的思考の過程である。たとえば、パフォーマンス評価として模擬授業を位置づける場合、そうした学習者の思考過程について、問題把握の的確さ、判断の際に重視している視点の包括性や妥当性、いわばプロ（熟達者）らしい思考（見方・考え方）ができている程度（熟達度）を評価するのである。

　京都大学の教職課程ポートフォリオでは、5つの柱それぞれに対応するまとまった活動や成果物を軸にルーブリックを設定することで、能力の全体性を損なわないよう工夫している。しかし、上述のようなプロらしい見方・考え方の質的な深まりの明確化という点では十分とはいえない。この点については、履修カルテのレベルで詳細に規定するよりも、教職課程のそれぞれの授業において、めざす授業像や教育のあり方自体を対象化する中で、定義や肉付けがなされていくべきものかもしれない。また、ポートフォリオ検討会の際、複数の柱の内容をつなげて学習経験を一連のストーリーとして物語るなど、分析的な視点の設定により学習経験が断片化しないような振り返りのあり方も探っていく必要がある。

　「学び続ける教師」の育成が「研修を受け続ける教師」「上からの教育改革に主体的に適応していく教師」の育成に矮小化されないよう、学生たちを、教育される客体ではなく、自分たちで学びの場を組織し、教職のミッションや教師に求められる資質能力を定義する場にも参画しうるような学びの主人公（研究的・自律的に学ぶ主体）へといかにして育てていけるのか。京都大学の自主自律の精神と学風を真に活かした、大学だからこそできる教員養成のあり方を考えていくことが求められる。

> **まとめ**
> - アクティブラーニングの実践が活動主義に陥ることを防ぐ上で、資質・能力を含んで教育目標をどう明確化し、その長期的な評価と指導システムをどう構築するかがポイントとなる。
> - 京都大学では、「学問する」教師という教師像を念頭に置きながら、教職課程ポートフォリオを軸にして、教員養成カリキュラム全体を体系化している。
> - パフォーマンス評価は、個別の技能を実行すること(機械的な作業:ドリル)ではなく、概念や方略等を総合して問題を解決したり判断したりすること(思考を伴う実践:ゲーム)を評価しようとする点に特徴があり、能力や学習経験の断片化に陥らないような目標・評価基準の設定や学びの振り返りの方法を考えていくことが重要となる。

注

1 ここに挙げた学生の声は、京都大学大学院教育学研究科教育実践コラボレーション・センター (2013).『E.FORUM教育研究セミナー成果報告書』から抜粋したものである。

引用文献

石井英真 (2012).「学力向上」篠原清昭(編著)『学校改善マネジメント』(136-150頁)ミネルヴァ書房.

石井英真 (2013).「教師の専門職像をどう構想するか―技術的熟達者と省察的実践家の二項対立図式を超えて―」『教育方法の探究』16号, 9-16頁.

石井英真 (2014).「教員養成の高度化と教師の専門職像の再検討」『日本教師教育学会年報』23号, 20-29頁.

石井英真 (2015a).『今求められる学力と学びとは―コンピテンシー・ベースのカリキュラムの光と影―』日本標準.

石井英真 (2015b).『増補・現代アメリカにおける学力形成論の展開―スタンダードに基づくカリキュラムの設計―』東信堂.

京都大学大学院教育学研究科教育実践コラボレーション・センター（編）（2013）．『E.FORUM教育研究セミナー成果報告書』京都大学大学院教育学研究科教育実践コラボレーション・センター．

西岡加名恵・石井英真・川地亜弥子・北原琢也（2013）．『教職実践演習ワークブック―ポートフォリオで教師力アップ―』ミネルヴァ書房．

西岡加名恵・石井英真・田中耕治(編)（2015）．『新しい教育評価入門―人を育てる評価のために―』有斐閣．

●さらに学びたい人に

- 西岡加名恵（2003）．『教科と総合に活かすポートフォリオ評価法―新たな評価基準の創出に向けて―』図書文化．
  ▶ポートフォリオ評価法の理論的な背景や基本的な原則を確認するとともに、国内外の豊富な事例も紹介しており、ポートフォリオ評価法の入門書と言える。
- 西岡加名恵・石井英真・川地亜弥子・北原琢也（2013）．『教職実践演習ワークブック―ポートフォリオで教師力アップ―』ミネルヴァ書房．
  ▶本書は教職実践演習のワークブックであるが、高等教育を対象としたポートフォリオ評価法やルーブリックの活用方法について学ぶことができる。

第4章

英語科におけるパフォーマンス評価

田中　容子（京都府立園部高等学校）

　英語教育への関心と要求が年々高まっている。2014年度には文科省に「英語教育のあり方に関する有識者会議」が設置されて、今後の英語教育の改善・充実方策についての報告と改革への提言がなされた。

　この英語教育への改革の要求を、学習者の側から見ればどうだろう。ほとんどの高校生が日常必需品としてスマートフォンやパソコンを所持している現在、少なくとも英語による情報収集と発信ができれば、高校生でも自分の力で世界とつながることができる。また母語とは異なる言語を通して思考し表現することは自我を育てるプロセスにとって有意義な体験である。さらに外国語を通して自国を見る視点を複数獲得することは、18歳で有権者となるすべての青年に保障したい力だ。

　そのように学習者に資するという観点からも、英語の授業は四技能 ── 読む・聴く・書く・話す ── をカバーする多様な展開をイメージすることが可能である。本章では、京都府立園部高校英語科におけるパフォーマンス課題を使った実践を報告して、生徒が学びに参加するアクティブラーニングの授業展開とその深化の可能性を示したい。

第1節　英語科におけるパフォーマンス評価

(1) パフォーマンス評価とは何か

　パフォーマンス評価とは、生徒が獲得した知識やスキルを応用して現実的な状況や文脈で使いこなせるかどうかを評価するものだ。従来のテストが、ある知識を持っているかどうか、あるスキルを身につけているかどうかを評価するものであったのに対して、パフォーマンス評価は生徒に現実の世界からの挑戦や問題を模した課題を与えることで、「真正性」を教室にもたらそうとするものだ (Hart, 1994)。こういった課題には、問題に取り組むための唯一の正しい方法や応答はなく、さまざまな思考、判断、表現を求められる。またこのような課題では、生徒は協働で作業することが多い。したがって、パフォーマンス課題は、生徒に能動的な参加を求める評価課題だといえる。

(2) 多様なコース編成に共通する課題

　筆者の勤務する京都府立園部高校は、1学年5クラス編成の規模で**表4-1**にあるように4種類の異なるコースを持っている。コースはそのままホームルームクラスに編成されてほとんどの授業がホームルーム単位で行われているため、学年各クラスを見渡すと多様な個性が見てとれる。生徒たちが入学

表4-1　京都府立園部高校のコース一覧(2016年度)

コース(定員)	コースの特徴	
普通科(100) 生徒は合格後にBasicかAdvancedのいずれかのコースを希望で選ぶ。	Basic	通学圏は南丹市のみ。(ただし定員の20%を越えない範囲で他市町村からも入学することができる)
	Advanced (大学進学コース)	
普通科中高一貫コース(40)	通学圏は京都府全域。中学入学時に選抜試験を経て入学する。大学への進学を希望する生徒が多い。(2006年度発足)	
京都国際科(30)	通学圏は京都府全域。「国際理解I、II」「スピーチ」「通訳演習」などの専門科目を設定している。多様な価値観に触れて視野を拡大し、国際的な視野を持つ人材の育成を目指す。	

前から抱えている課題に配慮して授業を創らなくてはならない場合もあれば、大学入試に直結する授業内容が求められる場合もある。いかに生徒たちが学びに参加する授業を創るか、また大学受験の道具としてではなく探求の対象として捉え、生徒たちに考える姿勢を育てるという課題を私たちはつきつけられてきた。

(3) 私たちはなぜパフォーマンス評価を取り入れているのか

このように多様な状況の中で、私たちは「生徒たちにどんな英語の力を育てるのか」という問いに常に向かい合ってきた。園部高校英語科がパフォーマンス評価を導入したきっかけは、園部高校が2006年度から2008年度にかけての3年間にわたって文部科学省からSELHi (Super English Language High School) の研究指定を受けたことである。この時私たちは、とくに学習に困難を抱えている生徒たちのクラスに焦点を合わせて、その生徒たちが英語活用の力を身につけるにはどのような指導がありうるのかについてさまざまに実践を重ねた。多様な学力層のクラス間を行き来して目の前の生徒の状態に応じた授業法を模索する私たちをつないだものが、2年間かけて整備したSonobe Assessment Grid (表4-2) である。私たちは育てたい学力の内容を文章で表現し、その目標に向かって生徒の英語力を育てるという方法を採った。Sonobe Assessment Grid は Common European Framework of Reference for Language (CEFR) を参考にして私たちが2007年度に園部高校の現状に合わせて作ったもので、毎年若干の手直しを加えながら現在に至っている。私たちはこのAssessment Gridを生徒と共有し、育てている英語力を多面的に評価することをめざしてパフォーマンス評価を取り入れた[1]。

私たちはパフォーマンス評価の実践において、従来の座学ではみられない生徒たちの生き生きした言語活動を見出すことができた。その生徒たちの姿が実践者を励まし、パフォーマンス評価は現在も英語科年間シラバスに位置づけられて、これまで多様なパフォーマンス課題を生んできた。それらは担当者が代わっても刷新されながら受け継がれている。

表4-2　Sonobe Assessment Grid

一年間にめざす学力推移				
				一貫コース中学3年
			一貫コース中学2年	
		一貫コース中学1年		
			普通科SA・京都国際科1年	
			普通SB 2年	
		普通科SB1年		
習熟段階		1	2	3
理解	Reading	身近な名詞がわかる。ごく短い文が理解できる。	高頻度語で書かれたやさしいテキストが読める。日常生活の広告や時刻表の中から必要な情報が読み取れる。	英文の主述および後置修飾句をつかめる。さまざまな分野の現代的な問題（言語・学習・科学・環境・社会）の文を辞書を使いながら読める。
	Listening	授業で何度も使う表現や語句を聞き分けることができる。	自分の家や家族や直接関係する身の回りの具体物について、人がゆっくりはっきりしゃべってくれたら、なじみのある語や基礎的な句を認識できる。	学習したテーマに関する質問を聞いてわかる。またそのテーマに関するメッセージや読まれた文の内容を聞いて理解することができる。
表現	Writing	アルファベットで自分の名前が書ける。練習した短文が書ける。	文法的な間違いを含みつつも、簡単な日記などの短文を書くことができる。既習の語を使って短文を書くことができる。	学習したテーマ及び自分の興味のあることについて簡単な感想や意見を書くことができる。
	Oral Communication	自分の名前、住んでいる都市などを言える。	簡単な文を使って自己紹介と家族・学校部活動などの紹介をすることができる。	自分の町、知っている人々のことを簡単に述べることが出来る。
		練習して発話できる。相手が繰り返してくれて身振り手振りがあると理解できる。	話を聞こうとして耳を傾けてくれて、たどたどしく発話するのを援助してくれる相手であれば、ごく簡単で必要なことを質問したり、質問に答えたりすることができる。	学習したテーマ及び身近な事柄について情報のやり取りをすることができる。しかし会話を長く続けることはできない。

2015年度版

		一貫コース高校３年
	一貫コース高校２年	
一貫コース高校１年		
	普通科SA・京都国際科３年	
普通科SA・京都国際科２年		
普通SB ３年		
4	5	6
複文構造を理解し、後置修飾節を理解して前から読み進めることができる。物語文をどんどん読める。評論文の論旨の展開が理解できる。英字新聞など辞書と注釈があれば読める。	長い文学作品が読める。自分の興味のある分野の専門用語を含む文が読める。英字新聞や英語サイトを辞書があれば読める。	辞書を使って専門的な論文が読める。英字新聞や英語サイトを読める。
学習したテーマに関する短い、簡単なニュース、メッセージがゆっくりはっきり読まれたとき、メインポイントを聞き取ることができる。	ゆっくりはっきり読まれたテレビの番組やニュースのポイントが聞いてわかる。	長いスピーチや講義を聴いてわかる。知っているトピックなら論理が多少複雑でも理解できる。テレビや時事番組の大部分が聴いてわかる。方言スラングの多くない映画ならほとんど理解できる。
興味のある幅広い分野に関して、理由や説明文などを加えて、意見や感想を書くことができる。後置修飾句・節を使って表現することができる。	幅広い分野に関して、理由や説明文を加え、パラグラフ構成が整ったある程度の長さの文章を書くことができる。	しっかりした論理構成で、アカデミックな題材の小論文や報告を書くことができる。
文をいくつか効果的に組み合わせて経験、夢などについて述べることができる。	自分の好みや意見を理由をつけて述べることができる。テーマに基づいてまとまったスピーチをできる。	自分の興味のある分野のさまざまな話題について、視点を明確に、説得力を持って、発表することができる。
英語が話されている地域へ旅行する際に出会うさまざまな場面で、辞書の力を借りて情報の入手と意思の伝達を行うことができる。	自分の興味のあることや生活圏内の事柄(趣味・家族・出来事など)についてなされる会話に参加できる。	英語のネイティブスピーカーに対してごく自然かつ自発的に会話をすることができる。身近な場面で、ある事柄について自分の意見を説明したり主張したりしながら会話に積極的に参加することができる。

(次ページに続く)

習熟段階	1	2	3
知識	英語の音に慣れる。発音されたひとつながりの英語の音に慣れる。		
	英文の基本的な成り立ちを理解する(主語のかたまりの直後に述語動詞のかたまりが置かれる)		
	主語と述語という概念を理解する。		
	名詞・代名詞・人称の概念を理解する。		(3単現を知る)
	特殊な文の形を知る(命令文・There＋be動詞の文)		
	疑問文と否定文の構造を知る(Do Does Didの役割)		
	疑問詞の意味とその使い方を理解する。		
	自動詞と他動詞の区別を認識する。		
	SV+名詞 ・ SV＋名詞＋名詞 ・ SV＋名詞＋形容詞　の形が表す意味を理解してこれらの構文を使える。		
	andと but、従属接続詞のwhenの使い方を理解する。		
	動詞を知る(一般動詞・be動詞)(現在形・過去形)(過去分詞形)(不規則変化)		
	助動詞の意味と使われ方を理解する。		
	be+˜ing　が表す進行形を理解する。		
	be+˜ed　が表す受身形を理解する。		
	「時制」の概念を知る。(現在・過去・未来)		
	完了形の表す概念を知る。		
	前置詞を知る。前置詞＋名詞　の表す意味と働きを理解する。		
	英文の基本的な修飾構造を理解する(形容詞＋名詞)(名詞＋前置詞句)(副詞＋動詞)(動詞＋前置詞句)		
	現在分詞(˜ing)の意味と用法を理解する。		
	過去分詞(˜ed)の意味と用法を理解する。		
	to不定詞の意味と用法を理解する。		

(4) パフォーマンス評価はなぜ生徒に歓迎されるのか

　園部高校英語科では数多くのパフォーマンス課題が担当者の創意工夫のもとで実践されている。筆者の周辺でなされているもの、あるいは過去に実践されたものを例に挙げて、パフォーマンス評価実践が生徒にどのように受け入れられているのかを紹介する。

①課題設定において生徒の文脈を活かす
　表4-3は2014年と2015年度1学期に実施されたパフォーマンス課題からの抜粋

4	5	6
複文構造の英文を音声で理解する。		
従属接続詞でつながれる文の連結を読み取る。		
間接話法		
間接疑問文		
SV＋名詞節、SV＋名詞＋分詞、SV＋名詞＋不定詞、の多様な構文を知る。		
従属接続詞全般	読む・書く・聞く・話す活動を通して多様なジャンルの英語を経験する。そのことを通じて英語の体系に習熟する。	
仮定法を理解し、使える。		
多様な助動詞　　助動詞＋完了形		
完了進行形　受身の完了形		
名詞＋関係詞節を正しく理解し、使える。		

である。パフォーマンス課題は1学期に少なくとも1回から2回入れることが多い。内容は、使用している教科書内容に関するもの・課題学習に関するもの・過去に導入され生徒に人気が高かったものなど、多岐に及ぶ。それらの内、2015年度1学期後半期には表4-3の2「私が紹介したい人」が1年生のすべてのコースによって、また7「研修旅行を終わって…」も2年生のすべてのコースによって取り組まれた。評価指標(ルーブリック)の内容(レベル)を、質を問う内容にすることで、獲得されている語彙数や読解力の差を越えて異なるコースに同一の課題が応用できるのだ。

表4-3のパフォーマンス課題一覧に見られるように、本校でのパフォーマンス課題は「私が好きな写真」「私が紹介したい人」など「I」を主語にしたものが多い。これらは2006年以来実施されてきたさまざまなパフォーマンス課題の中で繰り返し実践されてきたものだ。必然的に「I」が主語になる表現活動が生徒に歓迎され、その結果生き残ってきたと言えるだろう。

②生徒の「学びたい」気持ちを引出し育てる

「I」を主語として自らの文脈に立って英語で表現する課題の中では、表現すること自体が生徒の要求となる。

表4-3　パフォーマンス課題例

	パフォーマンス課題	作品の形態	使われる技能	教科
1	あなた自身について簡単に自己紹介してください。	発表型	ライティング+スピーキング	CE
2	「私が紹介したい人」というテーマで英語で発表してください。	発表型	ライティング+スピーキング	CE
3	ここにみなさんの学校生活を撮った写真があります。写真の内容について英語で説明文を書き、暗唱して発表してください。動詞の現在形と分詞を用いて少なくとも5文書くこと。	発表型	ライティング+スピーキング	CE
4	学校の中で、あなたの好きな場所や場面はどこ(いつ)ですか？お気に入りの場所(場面)を写真にとって、どんな風に素敵なのか、なぜ好きなのか、クラスの人に語ってください。	発表型	ライティング+スピーキング	CE
5	ALTの先生に対して自分自身について少なくとも30秒間英語による自己紹介を行い、その内容について1分間の英語による質疑応答を行ってください。	面接型	ライティング+スピーキング+リスニング	EX
6	あなたは校内英語スピーチコンテスト各クラス予選に出場します。題を設定してそれについてのエッセイを英語で書き、発表してください。あなたのスピーチを聞く人が「なるほどそういう考えもあるのか」「新しい知識を与えてもらった」「このスピーチを聞いて勉強になった」「今までの考え方が変わった」と思うような内容になるよう工夫してください。	ライティング型	ライティング+スピーキング	C E EX

7	研修旅行が終わりました。たくさん見るものがあったことと思います。園部高校では、毎年研修旅行先を見直しています。あなたが参加した今回の海外研修旅行の経験から、今後の研修旅行の計画に対して意見を述べてください。ぜひ参考にしたいと思います。意見には次の2点を必ず入れてください。・行って（体験して）よかったところ（いくつでも）・その理由	発表型	ライティング＋スピーキング	EX
8	研修旅行を経験して、自分が見たもの経験したことでよかったことやものをALTの先生に語り、それについての質疑応答を英語で行ってください。	面接型	ライティング＋スピーキング＋リスニング	EX
9	You are going to talk about one of your favorite artworks using one or more slides so that your classmates can enjoy the artwork more. You can use three slides at most, including the slide of your artwork itself. You have 2 minutes at the longest. When you give your presentation, do not look at your notes.	発表型	ライティング＋スピーキング	CE
10	映画『独裁者』最後の演説部分を、内容がよく伝わるように工夫して群読してください。聴き手はクラスメイトです。チャップリンは一人でこの演説をしていますが、みんなは6人で協力して演説の核心を表現できるように工夫してください。	群読型	リーディング＋スピーキング	CE
11	キング牧師が急な腹痛でスピーチできなくなりました。予定されているスピーチをみなさんで分担して行ってください。キング牧師の訴えが十万人の聴衆に届くよう、工夫してください。	群読型	リーディング＋スピーキング	CE

*2012年度～2015年度1学期までに実施されたパフォーマンス課題から抜粋

　普通科Basicコース2年生1学期English Expression Iで行ったパフォーマンス課題（表4-3の5)「新しく英語表現の授業が始まりました。ALTの先生に全員が少なくとも30秒間の英語による自己紹介をし、インタビューに答えてください。」での生徒の様子を紹介したい。

　生徒は、まず1時間かけて、ワークシートを用いながら自分の紹介文を英語で作成し、その次の時間にインタビューを受ける。ワークシート作成の授業時間には、教師が生徒の間を歩き回りながら、「メモは最初から英語で

書く。簡単な英語で書けるように、言いたいことを分割して。」というアドバイスを何度も行った。以下の作品は、比較的英語が苦手であったNさんのものである(添削されていないもの)。

My name is Fuki Nakano. I'm 17 years old.
My family has 5 members and 1 dog, whose name is hazuki.
I has a part-time job after school in Shimoyama Supermarket.
I work on Sunday, Thuseday, Wednesday and Stersday.
My favorite is go to live. I'm good at dancing.
I learned dancing when I was in elementary and junior high school. My favorite singer is Sadie of visual- kei Rock band.

　Nさんはこのメモをもとにインタビューテストに臨んだ。約30秒の自己紹介の後、ALTから質問がなされた。
　"Where is the supermarket which you are working for?"
　"Do you enjoy working there?"
　"How long have you been learning dancing?"
　Nさんは一生懸命英語で自己紹介し、質問を懸命に聴き取ろうと身を乗り出してALTとやり取りし、次のような感想を残した。「はじめの方は(メモを)見ないでスラスラ言えたけど、途中から詰まったし、何回も見てしまった。緊張でいつもぐらいの大きな声が出せなかった。でも、ゆっくりと発音もきちんと言えたと思う。質問の英語がイマイチよくわからなかった。単語がわからなくて日本語で答えたところもあった。練習でできたことが本番でできなくてくやしいです。次は発音をもっと良くして、目を見て、スラスラと大きな声でスピーチできるようにしたいです。そのために、家でしっかりと練習したいと思いました。」(下線は筆者)
　このパフォーマンス課題がNさんの背中を次のステップへと押しているのがわかる。このような感想はNさん以外の生徒からも多数聞かれた。一

表4-4　インタビューテストのルーブリック

The First Interview Test　　　Name

	5	4	3	2	1	weight	Evaluation
Volume	More than 30 seconds	Just around 30 seconds	Between 20 ~ 25	Between 10~19	Less than 10	× 6 = 30	
Delivery	Very good delivery. Very expressive. Good voice. Full eyecontact.	Good delivery. Expressive. Good voice. Good eyecontact.	Good voice.	Speaking reluctantly	Speaking very little English	× 6 = 30	
Answer	Reponse to all the questions in good sentences	Response to almost all the questions in sentences with a little bit mistakes	Try to response to the questions in sentences	Try to response to the questions with words	Hardly able to answer the questions	× 6 = 30	
English	Perfect sound of every consonant.	Good sound of every consonant. Showing some effort.	Good sound of almost half of the consonants.	Having a lot of mistakes.	impossible to understand	× 2 = 10	

Full score　50

方「質問の英語がイマイチよくわからなかった」という声は、自分で英文を創って話す力に対して相手の英語を聴き取る力が弱いということを示し、それはそのまま授業者側にとっての課題となった。今後の授業に「聴きとる」訓練と語彙を習熟させる指導の課題があると自覚されたのだ。

③協働的学習空間を生み出す

　課題の内容が生徒に自らの直接体験や気持ちを表出させるもので、その内容がクラス全体で共有されると、そこに生徒たちが協働的に学ぶ空間ができあがる。

　2015年7月上旬、先ほど登場した2年生普通科basicコース英語表現の授業で英語による1分間スピーチを行った。写真を提示しながら、数日前に終わったばかりの研修旅行についてのスピーチを行うのである。課題は「次年度の研修旅行立案に参考にするので、今回訪問してあるいは体験して、よかったことについて英語で一分間スピーチをしてください。」(表4-3の7)というものだ。

そのときの発表の様子を実況してみよう。Aくんの"Hello"という呼びかけに聴衆が"Hello"と明るく応答する。Aくんが、スマホに保存している写真を教材提示装置を使ってスクリーンに拡大表示しながら、クラスメートをしっかり見てゆっくり話す。"(ペンギンが泳いでいる写真を表示して) I went to Hokkaido. I like ASAHIYAMA zoo. ASAHIYAMA zoo was large, so very nice. There were penguins. Penguins were very cute. （写真変わる。羊がアップで写っている。教室に笑い） There were sheep. Sheep were very interesting. I want to go back to Hokkaido. Thank you for listening."（拍手）

次のBくんは"Hello"と挨拶してから"I went to Hokkaido."と述べた後に、自分を含む6人の男子（皆聴衆の中にいる）がラフティングボートにのってVサインをしている写真を登場させる。教室はどっと沸いた。Bくんは写真を拡大させてボートの中のメンバーを一人ずつ指さして"Daiki, Ren, Rei, Ken, Takepi, and me."と一人一人をアップにしながら紹介して途中で笑いも誘う。"The river water was increased in the rain. So …. River water was very cold. And yet, we jumped into the water. It was very cold. But it was fun. It was a good experience." ゆっくりと話す英語がクラスに共有されていく。

表4-5 研修旅行1分間スピーチのルーブリック

Evaluation Criteria 研修旅行　パフォーマンス課題　評価表

Number＿＿＿＿＿＿＿＿　Name＿＿＿＿＿＿＿＿＿＿＿＿＿＿

評価基準　英文作品について　Essay

	内容
5	旅行で経験したことや場所について、よかったことが自分のエピソードと意見を交えて具体的に説明されている。今後の旅行計画に参考になる内容であり、発表全体が魅力的である。文法上の間違いがほとんどない。 Your essay is full of good and concrete explanation about your experience and places you visited which gave you great impression. Your opinion or impression is also well described.
3	旅行で経験したことや場所について、よかったことが自分のエピソードと意見を交えて説明されている。 Your essay shows your experience and places you visited which gave you great impression. Your opinion or impression are also described, but not in such precise explanation.
1	研修旅行での印象に残った出来事やエピソードが、不十分な内容で少量、文法的には正しくない文で説明されている。 Your essay shows something which gave you great impression. Your essay contains quite a few mistakes and the volume is not enough.
重み付け	×12

評価基準　発表について　＊各項目は別々に評価する。　　Presentation

	暗唱	伝えようとする意思	音量
5	メモをまったく見ないで発表している。 Without your manuscript.	よく目が合う。伝えようとしている。 Full eye contacts.	よく聞こえる。 Well heard.
3	メモを時々見ている。 With some look at your manuscript.	あまり目が合わない。とりあえず言っている。 Few eye contacts.	聞こえにくい。 Hard to hear.
1	メモを読んでいる。 You just read your manuscript.	まったく目が合わない。伝える気がない。 No eye contact. You seem to be quite reluctant to deliver yourself.	聞こえない。 Impossible to hear.
重み付け	×2	×3	×3

「原稿は最初から英語で書く。言いたいことを、短い英文を組み合わせて表現する。」というアドバイスを生徒たちは受け入れていて、スピーチの内容は、事実や体験についての感想を、ごく簡単な短文を組み合わせたものであった。その結果、発表の内容は、聴き手にとってすべて理解できるものとなって、クラス全体が共有することができた。しかも、その内容はわずか数日前に実体験として皆が持っていたものだったので、話し手と聴き手の間に共有空間が生まれて、大変温かい雰囲気のうちに授業を終えることができた。45分間ずっと話し手と聴き手の一体感が持続していた。

　すべてのコースで共通に用いた評価指標によると、AくんもBくんも、英文作品評価＜3×12＝36＞、発表評価＜5×2＋5×3＋5×3＝40＞、合計76点であった。さらに同じ課題を行った他コースの作品例としてCくんのもの（英文作品評価＜5×12＝60＞）を紹介したい。（ルーブリック（**表4-5**）による評価は作品・発表いずれについても5段階である。評価指標の記述は5・3・1にしかないが、それぞれの間に位置すると思われる作品は4・2に相当する。この時ほとんどの作品が評価3以上に相当した。）

中高一貫コースCくんの作品（研修旅行先はシンガポール・マレーシア）

　I had many experiences on the school trip. The most wonderful experience was staying with a Malaysian family. There are two reasons. First the family's grandfather and grandmother could not speak so much English. So, I had to communicate with gestures. Needless to say, I often couldn't formulate my thinking correctly. It was so hard for me, but this was a good opportunity to notice that it was difficult to communicate without words. Secondly, there were many insects that I had never seen. For example, a kind of locusts which was colorful and about 10 cm large. I was very happy to see it.

生徒の感想(中高一貫コースから)

- 前まで英文を書くのが苦手だったけど、文が書けるようになった
- 文を作るのは難しかったけど、力になった
- 人前で英語を話す力がついた
- みんなの前で話すという機会がなかなかないので、とても良い経験ができたと思います
- 自分で英文を作るむずかしさ。作れたときの達成感は得難い
- みんなの前で発表するのは好きではないけれど、以前よりも慣れてきたのでよかったです
- 人前で話すことで「あがり症」がましになった
- 日本語で発表する時でさえ緊張するのに、英語で発表するときはとても緊張した。最終的には発表に慣れてよかった
- 自分の興味のある分野の単語をたくさん覚えられた
- 文章の構成や作り方を学べた。抑揚の大切さも学んだ
- スピーチ原稿を書くために、知らない単語を調べたり発音を調べたりしたので、語彙力が少しは身に付いたと思う
- 他国の言語で話すことの難しさがわかった。話で使う言葉と文章で使う言葉との区別がわかった
- 皆の前で英語を話すのが恥ずかしくなくなった気がする
- スピーチはみんなの意見がわかってよかった。スピーチで新しい単語や文法を学べた
- 昨年まではあまり英語が好きではなかったのでパフォーマンス課題とか嫌だなと思っていたけれど、今年は楽しみながらパフォーマンスできたので良かったです
- 発表はまったく得意ではないけれど、原稿を考えていく中で英作文が少しずつ書けるようになっていった
- パフォーマンス課題は英語を読む(話す)練習にもなるし、ただ単に覚えるよりは単語が身につきやすくてよかったと思う
- 下準備が本当に大切！そこが不十分だと中身も軽くなるし、自分でも話していて不安になる
- 下準備が本当に大切！そこが不十分だと中身も軽くなるし、自分でも話していて不安になる
- スピーチを構成する能力と相手に伝えるための工夫ができた
- 500単語以上の文を覚えるのがまず大変だった。それを皆の前で発表するのはさらに大変だったが、英語を話す能力は向上したと思う
- パフォーマンス課題を通じて積極的に英語を学びたくなった
- ただ自分の考えを伝えるだけでなく、人前に出る経験や自信がついてきました。英語の能力だけでなく、英語を使いこなすための環境に必要な能力も身につけることができました。確かに楽ではありませんでしたが、とても楽しかったです
- 話すことがとても苦手なのですが、いくつかの発表の場を通して少しは慣れることができました。他の人の発表がとても参考になりました。

> 「協働的学習空間」に関して、**第1巻**の**「協同学習による授業デザイン：構造化を意識して」**と題する**第1章(安永悟)**では、協同学習の観点から授業をデザインすること、学習の空間を創り出すことを説いています。
>
> 各巻との関連づけ

④生徒が自分の上達を実感できる

　ここで、異なる2コースの生徒たちから出されたパフォーマンス課題についての感想(第2学年末)を紹介したい(前ページ囲みを参照)。「発表形式のパフォーマンス課題を経験してあなたが獲得したことを書いてください」に対する生徒の応答である。

　本校では発表形式のパフォーマンス課題が多いが、最初は抵抗を見せる生徒たちも活動のプロセスに自分の成長を感じていることが、生徒の感想から窺える。

⑤成績評価に反映される

　英語の文字認識や語彙の習得に困難を抱えているある生徒が、読んだり書いたりすることには力が発揮できないが、簡単な英語を話したり聴きとったりすることはできる、という場合がある。さらに、話す内容が与えられたものでな

表4-6　評価の内訳

2013年度英語科成績会議用資料(2年生3学期)

講座	科目	評価の方法		配点	合計
2年生 Basic コース	Writing	筆記テスト	中間考査	100	400
			期末考査	100	
		形成評価	小テスト	20	
		実技テスト			
		パ課題	写真の説明をつくる	100	
		提出物	冬課題	50	
			毎日課題	30	

くて自分に関する事実であればなおさらである。そのような「できる」ことを通じて自信が育ち、読み書くことも少しずつできるようになる、という事例も生まれている。これは評価の方法が筆記テストのみであれば見つけることのできない力であった。従来なんとなく教師の"勘"のようなもので感じ取って行っていた学力評価を、「パフォーマンス評価」という方法を知ったことで、私たちは堂々と評価計画に組み込むことができるようになった(表4-6を参照)。

第2節 パフォーマンス評価と授業

(1) パフォーマンス課題を授業課題として活かす

パフォーマンス課題とその評価指標(ルーブリック)を生徒に提示することは、生徒が学習活動の目標を明確に認識することを意味する。たとえば**表4-7**は、2012年度普通科1年生1学期に行ったパフォーマンス課題「私が紹介したい人」である。この課題はまず「書くこと」から始まる。「みんなが少なくともレベル4の作品が書けるように頑張ろう。今日は少なくともレベル2まではやりましょう」と声をかけて、全員が、たとえば、"Today, I will introduce Ichiro to you." "He is a Japanese baseball player who is playing in the U.S."のような文を書くところまで指導し、次第に量を増やし質を上げていくよう励ます。そして次にプレゼンテーションをめざして音読を指導する。

平均	通年平均点	パフォーマンス課題
56.4		
59.7		毎日の学校生活の中で、みなさんは友達と喋ったり笑ったりゲームをしたり本を読んだりお弁当を食べたり、そして勉強したりしています。その多種多様な数多くの場面を撮った写真に英語で説明文をつけ、"Our School lives"写真集を作ります。あなたが分担する写真を見て、誰が何しているところ(誰が何をされているところ)なのかを、英語で書き、発表してください。
16.4		
	52.8	
66.8		
38.9		
11		

年度を経て繰り返し登場するパフォーマンス課題だが、生徒と担当者によって応用的に実践されている。

(2) つまずきに注目しそれを乗り越える手立てを持つ

パフォーマンス評価を含む多様な評価方法は、それだけでは生徒を育むものとはならない。必要なことは、普段の授業で教材や授業法の工夫によって教科内容がきちんと生徒に理解され、必要な知識・技能が生徒に獲得されていくことである。学習に困難を抱えている生徒たちに焦点を合わせた「学び直し」の工夫と、どの学力層の生徒にも対応する「つまずきを回避する工夫」が英語科の授業でどのように実践されているかを以下に紹介する。

表4-7 「私が紹介したい人」ルーブリック

"I would like to introduce this person"
No. (　　) Name(　　　　　)

	Attitude Eye contact	Voice	Pronunciation
5	大変よく目が合う。 大変良く伝えようとしている。 Actual very good eye contact.	非常によく聞こえる。 You can hear the presenter very well.	th, f, v, m, n, r, l, b, p, k, t, の子音の発音がほぼ完璧である。 Consonants are perfect.
4	聴衆を見て発表しようとする意欲が感じられる。 It seems that the presenter is making efforts to deliver.	支障なく聞こえる。 You can hear the presenter.	英語らしく発音しようとする意欲が感じられる。 It seems that the presenter is making efforts to make English pronunciation.
3	発表しているのだが、あまり聴衆と目が合わない。 Very little eye contact.	It is a little bit difficult to hear.	In KATAKANA pronunciation.
2	No eye contact.	You can hear if you try.	
1	Not willing to deliver.	Unheard.	
	×5=	×5=	×5=

つまずきを抱える生徒はどのコースにもいるが、Basicコースを選ぶ生徒たちにはその数が多い。生徒のつまずきに注目すると、生徒の多くが英語の語順の理解に学習上の困難を抱えていることがわかる。それに対して私たちは高校入学後の2か月を学び直し期間として設定し、独自教材を用いて授業をしている。

意味のかたまりを見つけだすことと、英文の構造を見抜くことが英語の基礎基本であるという考えから、これらの「学び直し」独自教材（**図4-2**）は英作文の形をとっている。

この学び直しシートの特徴は3つある——①英語と日本語の語順の違いを理解することを目標にしている、②生徒にとって身近な題材を採っている、③

Evaluation Sheet

／100

Contents and English Structure
●紹介したい人物の内容を具体的に紹介している。 （誰？何をしている？） ●なぜ自分がその人物を紹介したいのか具体的に述べている。●複文構造が使えている。●発表が魅力的である。 Clear and concrete explanation about the person- Who? What is he/she doing?　Clear and concrete reason why they want to introduce that person.　Contents are expressed in not only simple structures but also complex structures. The presentation is great.
●紹介したい人物の内容を具体的に紹介している。 （誰？何をしている？） ●なぜ自分がその人物を紹介したいのか具体的に述べている。●複文構造が使えている。 Clear and concrete explanation about the photo- Who? What is he/she doing?　Clear and concrete reason why they want to introduce that person. Contents are expressed in not only simple structures but also complex structures.
●人物の内容を具体的に紹介している。 （何？いつ？どこで？何をしている？） ●なぜ自分がその人物を紹介したいのか簡潔に述べている。 Some explanation about the person- Who? What is he/she doing? Some reason why they want to introduce that person.
●人物の内容を紹介している。Some explanation about the person- Who?
×5=

Total ＿＿＿＿＿　／100

語順理解に集中させるために語彙情報を与えている。図4-2は冒頭ページだが、この後に名詞＋［形容詞句・形容詞節］の項が続く。ここに紹介した教材は2012年度のものであるが、これは担当者グループによって毎年改定されている。

　このような、学習に困難を抱えている生徒たちに焦点を合わせた「学び直し」の工夫に加えて、私たちはどの学力層の生徒にも対応する「つまずきを回避する工夫」を行っている。

　それは教科書と併行して作成するワークシートである。生徒が英語の文構造を理解するのを援助するために、私たちは英文に記号（意味のかたまりを表すもの：縦線や括弧、SVOCなどの要素を表わすもの）を使う（図4-3を参照）。縦線を引かれた英文は、生徒の目には部分として浮かびあがる。当該生徒たちの認識力に合わせて細かく部分に区切り、部分ごとに日本語で理解することによって、長い英文が意味を持つものとして現れるのだ。部分ごとの理解を、次は内容のあるものとしての全体像理解へとつなぐ。部分理解を全体像理解へと立ちあがらせ、英語による語順理解に体をなじませるために、内容を確認しながら音読をするのである。これらの学習活動は語順理解に特化されているのだが、語順の理解は生徒たちに「自力で読める」という実感をあたえ、読むことがおもしろい、と感じさせることができる。同時に自分のことを短い英文で語り、発表するというパフォーマンス課題にも取り組む。本校の生徒たちは入学後の英語学習をこのようにして始めるのである。

　Basicコースを選ぶ生徒たちは英語が苦手な状態で入学してくる人が多く、入学時に筆記テストで問われる力については他コースに比較すると差があるが、同一教科書（2015年度は三省堂English Communication）を用いつつワークシートに工夫をし、ゆっくり進みながら英語力を育てている。日本語とは違う言語としての英語を認識し、語順の違いに気づき、クラスを前にした小規模な発表（パフォーマンス課題）を経験して生徒たちは少しずつ自信をつけ、「英語が好き」という生徒の数が増えてくる。

園部高校英語科：これで英語はバッチリワークシート 1

No.(　　)　Name(　　　　　　　　)　日付(　　　　)

1．日本語を英語に直してください。

(1) 昨夜Mステをみた。
　　（私は　〜を観た　Mステを　昨夜）

(2) 私達は毎日お弁当を持ってくる。
　　（私たちは　〜を持ってくる　お弁当を　毎日）

(3) 学校は8：45に始まる。
　　（学校は　始まる　〜に／8：45）

(4) 私たちは毎日13：30に教室を掃除する。
　　（私たちは　掃除をする　教室を　毎日　〜に／13：30）

(5) 田中先生はケーキがとても好きだ。
　　（田中先生　好きだ　ケーキが）

(6) 本校の中学生はこの4月に神戸に行った。
　　（中学生は　行った／〜へ　神戸　今年の4月に）

(7) 彼らは去年長崎県にあるハウステンボスを訪れた。
　　（私たちは　訪れた　ハウステンボスを　去年）

(8) ローラは園部高校の生徒になった。
　　（ローラ　なった　園部高校の生徒に　）

(9) 私たちは京都府に住んでいる。
　　（私たちは　住んでいる　〜に／京都　府）

(10) 大島優子は人気のある歌手です。
　　（大島優子は　〜です　人気のある　歌手）

〜を観る　watch〜
Mステ　Music Station
昨夜　last night
〜を持ってくる　bring
お弁当　a lunch
学校　School
始まる　begin/start
〜に　at
掃除する　clean
教室　class room
〜先生　Ms,〜
ケーキ　a cake
〜が好き　like〜
中学生
junior high school student
本校の　in this school
行く　go
今年の4月　this April
都道府県　prefecture
訪れる　visit
ハウステンボス　Huis Ten Bosch
去年　last year
ローラ　Rola
〜高校の生徒
〜high school student
なる　become
住んでいる　live
歌手　a singer
人気のある　popular

図4-2　学び直しの教材の例

```
                                                       2012年    SB Course  4
  Number_____ Name_____           Crown English Series I  Worksheet

  5.  The Nile  is  the longest river  in the world.  *longest ← long+est = 一番長い
      _____  __  _____  _____

  6.  It  is  about 6,695 kilometers long  and  runs  through nine countries  to the Mediterranean Sea.
      ___  __  _____  そして___  _____  _____

  7.  For thousands of years
      _____
                        the Nile has been important  to Egyptians [who need it for farming and for transportation].
      _____  _____                                              にとって、
      *thousands of ~ 何千もの   important_____   Egyptian_____   need_____   farming_____   transportation_____

  8.  Along the Nile  are  the most famous monuments of Egypt: the Pyramid, the Sphinx, the great temples of Abu Simbel.
      _____  ___  _____ _____ _____ _____
      *along _____ the Nile _____ the most famous = famous の最上級 _____  monument _____

  5〜8までのまとめ：ナイル川について英語でまとめなさい
```

図 4-3　ワークシートの例

(3) パフォーマンス評価とアクティブラーニング

　英語教育は外国語(英語)習得の力を育てるものだ。では、どのような力の習得をめざすのが生徒の立場に立った目標なのだろう？　それは情報を獲得し、それを使って自ら思考判断し、意見を発信する力だと私たちは考えている。そのような力を育てるのに、英語の語彙と文法的知識を習得し、一定の英語を聴いたり読んだりすることが従来の授業だった。それに加えて、これらの知識と技能を現実に近い形で総合的に使うのがパフォーマンス課題である。パフォーマンス課題の遂行を通じて知識・技能の習熟が深まるとも言える。知識・技能の獲得とパフォーマンス課題遂行は外国語習得における両輪と言ってもいいだろう。

　パフォーマンス評価は2つの側面を持っている。ひとつは習得された知識や

技能が総合的に生きて働くかどうかを確かめる側面、もう一つは課題の設定を生徒にとっての学習活動の動機にして課題の遂行自体を通じて生徒を育てる側面である。筆記テストが教科内容中心であるのに対して、パフォーマンス課題は教科内容と生徒の現実世界の文脈の両方を含むものだと言えるかもしれない。

　生徒たちは学んだことを現実的な文脈に設定された課題を遂行する際に自分のからだを通して知識を使い、そのプロセスが学んだことの習熟を助ける——このことを私たちはパフォーマンス評価の実践から学んできた。試行錯誤の連続ではあるが、パフォーマンス評価は生徒の授業への参加を確実に現実のものとしてきている。

まとめ

- パフォーマンス課題は教科内容と生徒の現実世界の文脈の両方を含むよう設定することができる。そのような課題に取り組むことによって生徒は教科内容を自分の生活実感を伴って理解することができる。
- そのようなパフォーマンス課題がグループで取り組むものである場合、主体的に学ぶ生徒同士が共に働く協働的学習への道を拓く。
- パフォーマンス課題に生徒が生き生きと取り組むためには、教科内容をわかりやすく生徒に渡すことのできる授業の工夫が必要である。

注
1　パフォーマンス課題を取り入れるにあたっては、「逆向き設計」論を参考にした（G. ウィンギス・J. マクタイ、西岡加名恵訳『理解をもたらすカリキュラム設計』日本

標準、2013)。

引用・参考文献

Hart, D. (1994). *Authentic assessment: A handbook for educators*. Menlo Park, CA: Addison-Wesley.　D.ハート(2012).『パフォーマンス評価入門―「真正の評価論」からの提案―』(田中耕治監訳)ミネルヴァ書房.
松下佳代 (2008).『パフォーマンス評価』日本標準.
文部科学省 (2014).「今後の英語教育の改善・充実方策について　報告～グローバル化に対応した英語教育改革の五つの提言～」.
西岡加名恵・田中耕治(編著) (2009).『「活用する力」を育てる授業と評価』学事出版.
田中耕治(編著) (2002).『新しい教育評価の理論と方法[Ⅰ]』日本標準.
田中耕治(編) (2005).『よくわかる教育評価』ミネルヴァ書房.
Wiggins, G. & McTighe, J. (2005). *Understanding by design* (Expanded 2nd ed.). Alexandria, VA: Association for Supervision and Curriculum Development.　G. ウィギンズ・J. マクタイ (2012).『理解をもたらすカリキュラム設計―逆向き設計の理論と方法』(西岡加名恵訳)日本標準.

さらに学びたい人に

- 松下佳代・京都大学高等教育研究開発推進センター（編著）(2015).『ディープ・アクティブラーニング―大学授業を深化させるために―』勁草書房.
  ▶アクティブラーニングは、ともすれば学習者の活動する姿に焦点が向けられがちなのに対して、本書はアクティブな思考(深い理解)を生み出す学習(ディープ・アクティブラーニング)の大切さについて論じられている。
- 西岡加名恵・石井英真・田中耕治(編) (2015).『新しい教育評価入門―人を育てる評価のために―』有斐閣.
  ▶本書は、評価とは何かを歴史的に解き明かし、学校の場において行われる教育評価は教育活動をより良くしていくためのもの、つまりすべての子どもたちに学力を保障するために行われるのだと説く。教育評価の本来のあり方を提案している。
- 竹内常一 (1995).「高校教育改革の構図」『講座高校教育改革1―高校教育は何をめ

ざすのか―』労働旬報社.
▶1995年に刊行された本書は戦後の学校教育を批判的に分析・検討し、学力内容を子どもの学習権と参加権の側から問い直し「参加と学習」という考え方を提起している。教科内容を子どもの生活の中に埋め込んでいく学び(批判的な学び方)を通じて子どもの学習への参加を発展させていくという学習論を展開。

第5章

総合的な学習の時間での探究的な学びとその評価

松井　孝夫（群馬県立中央中等教育学校）

　「総合的な学習の時間」は、評価が難しいとされる領域である。この章では、群馬県立尾瀬高等学校の2つの取り組み（専門学科の学校設定科目と「総合的な学習の時間」）と群馬県立中央中等教育学校の取り組みを事例として、そこでの探究的な学びとその評価について紹介する。
　たとえば、尾瀬高校自然環境科(理数科)では、生徒からの指摘を受けて、学校設定科目でのペーパーテストを廃止したことをきっかけに、自己評価・相互評価等を軸として自己肯定感・有用感を高めるための評価に取り組んできた。また、中央中等教育学校の「総合的な学習の時間」(地球市民育成プロジェクト)では、5年間にわたる課題研究(個人研究)を充実させるために、前期課程(中学校相当)での教科や「総合的な学習の時間」の学びを活かす工夫をしてきた。これらのプロセスは、生徒・保護者や地域等の声を聴きながら試行錯誤を繰り返す、教員自らの「探究」の過程でもあった。
　探究的な学びに対する多角的な評価やその指導への活かし方について考える素材としていただきたい。

第1節　「総合的な学習の時間」の評価

(1)「総合的な学習の時間」とアクティブラーニングの関係
　学習指導要領の「総合的な学習の時間」の目標は、「横断的・総合的な学習

や探究的な学習を通して、自ら課題を見付け、自ら学び、自ら考え、主体的に判断し、よりよく問題を解決する資質や能力を育成するとともに、学び方やものの考え方を身に付け、問題の解決や探究活動に主体的、創造的、協同的に取り組む態度を育て、自己のあり方生き方を考えることができるようにする。」とされている。つまり、「総合的な学習の時間」は、アクティブラーニングの実践そのものであるといえる。

このように、「アクティブラーニング」という言葉が使われる以前から、「総合的な学習の時間」においては、それがなされており、教師は生徒の学習状況を注意深く観察し、どのタイミングでどんな支援やどんな教材の提供が必要か、考えてきたに違いない。

また、高等学校においては、「総合的な学習の時間」が始まる前から、専門学科等の科目の一つである「課題研究」として、主体的で探究的な学習が行われてきた。このため、学習指導要領は「職業教育を主とする専門学科においては、総合的な学習の時間の履修により、『課題研究等』の履修と同様の成果が期待できる場合においては、総合的な学習の時間の履修をもって課題研究等の履修の一部又は全部に替えることができる。また、課題研究等の履修により、総合的な学習の時間の履修と同様の成果が期待できる場合においては、課題研究等の履修をもって総合的な学習の時間の履修の一部又は全部に替えることができる。」(一部省略)としている。

つまり、課題研究における探究学習での指導や評価の蓄積が、アクティブラーニングに活かせるはずである。

> **各巻との関連づけ** 第2巻の「アクティブラーニングとしてのPBL・探究的な学習の理論」と題する**第1章(溝上慎一)**でも、総合的な学習の時間、探究的な学習を、アクティブラーニング論の一つとして位置づけ概説しています。

(2)「総合的な学習の時間」の評価 ――「目指す生徒像」と評価の課題

『総合的な学習の時間における評価方法等の工夫改善のための参考資料【高等学校】』(国立教育政策研究所, 2012)は、評価の機能には、①生徒の学習状況について説明・証明する機能、②生徒の学習をよりよく改善・促進する機能、③生徒の自己評価能力を育成する機能、そして、④教師の学習指導や学校の指導計画を吟味し改善する機能などがあるとしている。また、「単元の評価規準を設定する際には、学校で定めた評価の観点を基にして、単元の目標や内容、育てようとする資質や能力及び態度をふまえることが必要である。その場合、生徒が取り組む学習活動との関連において、その場面で生徒に期待される学習の姿を想定し、具体的に設定することが考えられる。加えて、誰が、いつ、どのような評価方法で具体的な評価作業を行うのかを明確にすることも大切である。」とある。

ここで大切なことは、「育てようとする資質や能力及び態度」が明確になっていることである。言い換えれば「生徒にどのような力を身につけさせたいか」であり、それを身につけた生徒がどんな姿になっているかである。つまり、「目指す生徒像」が明確になっていることが最も重要である。

「総合的な学習の時間」で目指す生徒像は、多くの場合、学校(や学科の)目標と重なる部分が多いのではないだろうか。つまり、その学校のさまざまな教育活動で生徒が身に付けた知識や技能をフル活用して取り組むのが「総合的な学習の時間」であり、それに取り組む生徒の姿を見て、「目指す生徒像」が達成されているか確認することができるからである。

教育現場においては、あらゆる場面で「評価」を行っている。ここで述べる「評価」は、もちろん「通知票」や「指導要録」「調査書」に記載すべき、数値や文章での評価のことも含まれるが、むしろ、学習の最終段階で付けられるそれらの「評価」が「目指す生徒像」に近づくように、毎時間のように生徒の様子を注意深く観察することで、生徒の学習状況を把握し授業改善を行おうとする行為のことである。しかし、教科指導においては、あまり「評価」という言葉は使われずに、主に、定期考査等での「採点」や通知票等での「成績＝評定」と

いう言葉が使われる。「評価」という言葉は用いなくても、「採点」や「評定」を行うその過程ではもちろんのこと、日々の授業での机間指導や提出物の確認などを通して、生徒の学習状況や自らの授業に対して、意識しなくても必ず評価しているのである。

ところが、「総合的な学習の時間」の評価となると、「評定を行わないから、評価しなくてもいいのでは？」とか「文章で評価するのは難しい」などと、評価への課題等について耳にすることがしばしばある。しかしながら、「総合的な学習の時間」では、一つの学年やクラスを複数の教員で担当したり、他クラスの担当者と相談しながら指導したりするケースが多いことから、授業直後の教師間でのねぎらい合いや対話の中で、個々の生徒や授業全体を評価し、日々授業の改善を考える機会が豊富にある。評価という言葉を用いなくても、生徒の学習状況を把握し、授業を改善し、「目指す生徒像」を実現しようとしているのである。

第2節　専門学科（尾瀬高校自然環境科）の取り組み

(1) 自然環境科の概要

群馬県立尾瀬高等学校は、普通科と自然環境科の各学年1学級ずつからなる小規模な学校である。

平成8年度に自然環境科（理数科）を設置し、「自然との共生を図ることのできる人づくり」を目標に掲げ、環境問題に積極的に対応できる人材育成をはかっている。また地域の自然を題材に学習することを通して、愛する郷土のために主体的に関わりが持てる人材を育成している。

自然環境科は、7つの環境専門科目（学校設定科目）と、木造の新校舎「自然環境棟」とともにスタートした。自然環境棟は、発表やグループワークに適したスペース（教室）、コンピュータや書籍を配置したスペースなどが連続した空間の中に配置されており、多様な学習スタイルに対応している。とくに、黒板を設置していないことが、生徒が主体的に取り組む体験型の学習スタイ

ルを象徴している。

　また、地域の自然を活かした体験型の環境教育に取り組むことに重点を置き、「尾瀬国立公園」をはじめ、「日光国立公園」、武尊山、利根川の支流である片品川の渓谷などの豊かな自然をフィールドとして実践的な体験学習を軸に、自然を通して人間としてのあり方や生き方を学び、「自然との共生」という新たな価値観を身に付けさせる環境教育を行っている。

　自然環境科(理数科)では、「総合的な学習の時間」が誕生する前から課題研究等の学校設定科目を中心に「主体的で探究的な学び」を求めて、試行錯誤を繰り返してきた。

　そのきっかけは、これらの学校設定科目においても定期考査等で知識を中心に評価する方法に対する生徒からの指摘である。「自然との共生を図る人づくり」を目標に掲げながら、通知票で生徒に示す成績＝評定は、知識等の評価を中心にした定期考査とほぼ連動していた。「テスト前に覚えればいいんでしょ。」という生徒の言葉に衝撃を受け、いわゆるペーパーテストを廃止することになった。

　目指す生徒像は「自然との共生を図ることのできる生徒」であり、指導資料(シラバス)での指導目標も明確であったが、指導する教員が、評価規準や評価方法について、十分に検討していなかった。そこで、指導資料に加えて、環境省や自然保護団体等の資料等を参考に「自然との共生」について教員間での共通理解をはかるとともに、具体的な能力・態度等や評価方法について検討した。

(2) 自然環境科の教育目標

　第二次環境基本計画(環境省, 2000)には、環境問題を解決していく能力の育成に関して、「多様で複雑な環境問題を理解し、解決に向けて行動するためには、問題を全体的に捉える必要があり、環境に関する知識の習得に加え、感性や倫理観、多面的に物事を考え自ら課題を見つける能力、問題を多角的に分析する能力、様々な主体間の調整を行うために互いにコミュニケーショ

ンを図る能力などを育成していくことが必要です。このため、『体験を通じて、自ら考え、調べ、学び、行動する』という過程を重視した学習を推進します。」と、多くの能力が具体的に記載されている。これは「総合的な学習の時間」の目標と重なる部分が多い。また、理数科は、問題を発見してその解決をはかり、結論を得るまでの一連の過程、つまり「事象を探究する過程」を通して、科学的に考察し、表現する能力と態度を育て、創造的な能力を高めること等を目標にしている。

このような背景を踏まえて、自然環境科として「目指す生徒像」や環境学習の「重点項目」を次のように掲げた。

(a) 目指す生徒像(身につけさせたい能力)

「自然環境科では、多様な自然の中での自然観察や環境調査を通して、様々な課題を発見し解決する能力を身につけます。また、自然観察やキャンプなどの自然体験活動の実践を通して、豊かな感受性を磨くと共に、『自然とのふれあい』を啓発するためのコミュニケーション能力を高めます。そして卒業後も、ライフワークの一部として『自然とのふれあい』を啓発する活動を続けて、自然環境(地球環境)の状態をできるだけ多くの人に正確に伝えられる人になることを目指します。」

(b) 重点項目

○多様な自然や人に接し、興味を持ち、課題を発見する。
○多様な自然や人の価値観に接し、多面性を理解する。
○自分の考えを持つ。状況に合わせた判断をする。討論する。
○自分の考えや自然からのメッセージをわかりやすく人に伝える。自己表現力や発表能力を高める。(インタープリテーション能力、プレゼンテーション能力)

(3) 自然環境科のカリキュラムと学び

①環境専門科目(学校設定科目)と体験学習(校外実習)の概要

表5-1および表5-2に、各学年で学習する環境専門科目の概要と、それら

表5-1　環境専門科目とその概要(平成27年度入学生)

学年	科目名 (単位数)	概要
1	総合尾瀬(2)	様々な自然や施設での校外実習を通して、尾瀬の自然を理解する。(多様な自然を知ることから、尾瀬の特色を理解する。)
	環境実践(2)	野外実習で必要とされる基本的な技術を身につける。(コンパスワーク、安全対策、観察・記録技術を中心とする。)
2	環境測定(2)	自然環境調査・研究の計画を立て、その結果を分析する。
	環境実践(2)	植生や水質、野鳥など自然環境の調査技術を身につける。
	総合尾瀬(2)	調査結果をGISなど用いて画像で整理し、その情報を広く発信する。(尾瀬情報センターWEBページ、GISなどに掲載)
3	野外の活動(3)	自然体験の啓発活動としての自然観察会などを計画・実施する。
	環境実践(2)	生物の飼育・栽培、自然植物園の維持・管理を行う。
	環境の保全(2)	環境問題を科学的・社会的な側面から探究する。

表5-2　各学年における校外実習の概要

学年	実習概要	実習名と実習地
1	多様な環境・施設における複数講師による観察・見学指導	吹割の滝実習、武尊山実習(春・秋・冬)、尾瀬実習(尾瀬ヶ原・尾瀬沼)、県有施設実習(ぐんま昆虫の森、県立自然史博物館、ぐんま天文台)、シラネアオイ保護・復元実習(播種)、オリエンテーリング実習(北毛青少年自然の家)、野鳥観察実習(前橋敷島公園)、武尊山雪上実習(カンジキ)
2	グループワークでの調査活動(水質・植物・哺乳類・鳥類・雪等)と環境測定	尾瀬実習(尾瀬ヶ原水質調査、至仏山登山道調査、アヤメ平植生調査)、吹割の滝・鎌田実習(野鳥を中心に)、シラネアオイ保護・復元実習(移植:日光白根山)、武尊山自然環境調査実習(春・秋・冬)、沖縄実習(修学旅行)、玉原高原雪上実習(スノーシュー)
3	インタープリテーション(IP:自然解説)と環境系ボランティア、自然体験活動の実施	吹割の滝IP実習(高1対象)、植林育樹実習、尾瀬IP実習(小6対象:尾瀬ヶ原)、キャンプ実習(渓流釣り、ナイトハイク、野外炊飯)、シラネアオイ保護・復元実習(採種:日光白根山)、武尊山IP実習(中2対象)、自然体験プログラム実習(中1対象:プログラム作成・実践)、野鳥観察IP実習(高3対象:前橋敷島公園)、玉原高原雪上IP実習(外部講師対象:山スキー)

と連動した体験学習(校外実習)の概要を示す。体験学習は、複数の科目に関連した内容で、実習地と題材・視点などを変えながら繰り返し実施される。

②繰り返し学習
　このような体験学習を軸とした学習活動の中では、得られた知識や経験等をノートやレポートにまとめたり、他の生徒に伝達(発表)したりして繰り返し活用する機会を与え、研究課題について、何度も個人で考えさせたり、グループで議論させたりしている。たとえば1年次では、次のような授業を展開する。
　　(a)校外実習(自然や外部講師からの知識や技術等の情報収集)
　　(b)実習のまとめ(概要・課題をフィールドノート2ページに整理)
　　(c)情報確認リスト作成(校外実習の学習項目を時間順に整理)
　　(d)情報確認(校外実習で同じ班の生徒と学習内容の確認。(c)を活用)
　　(e)情報レポート(A4サイズ2枚、様式自由)
　　(f)情報交換リスト作成(校外実習の学習項目を五十音順に整理)
　　(g)情報交換(校外実習で別の班の生徒と学習内容の交換。(f)を活用)
　　(h)まとめノート(オリジナルの図鑑作成)
　　(i)課題設定シート(実習地の特徴、疑問や研究課題をピックアップ)
　　(j)課題発表(他の生徒と研究課題を共有)
　このように、校外実習で得られた情報は(c)〜(h)の過程で記述や口頭説明により5回は活用することになる。また(b)(i)(j)の過程では研究課題について繰り返し考えることになる。
　2年次は、動植物や水質、大気等の自然環境調査の結果を次のような流れで使用する。データ整理(グループ)→個人考察→グループ内討論→クラス内討論→個人レポート(最終的な個人考察)のような流れである。そして課題研究のプレゼンテーションは、研究成果だけでなく、計画や中間報告なども含めて、年間に7回以上実施し、下級生や外部への発表の機会も設定している。

3年次のインタープリテーションは、入学したばかりの1年生、小学生や中学生、専門家を対象とした機会を設定している。

このように、学習の成果を繰り返し活用している。こうした学習に対する評価について、(4)学習評価で事例を紹介する。

(4) 学習評価
①学び合いと相互評価・自己評価
　繰り返し学習の中では、生徒同士が互いの姿をみて真似したり、指摘し合って質を高めたりする機会がたくさんある。発表・討論を繰り返す中で生徒は「学び合う」ことを自然に身に付けていき、また他者を評価する過程を通して、正しく自己評価する能力も高めていっている。

　3年生や級友の活動を注意深く見ることで、自分がどのように活動すればよいのか、具体的にイメージできるようになる。また同じ過程を繰り返すことで、自分がどのように学習すれば、よりよく改善されるのか、理解できるようになる。そして、自分自身を正しく評価し、自分の成長を自分で確認でき、学びの楽しさ(充実感)を実感するようになる。

②目標の共有
　学校目標や目指す生徒像、学科や授業の目標・ねらいは、年度当初だけでなく、何度も確認しながら学習を進めている。それらを理解していなければ、自己評価も相互評価も活かされない。また教員の行う評価と自己評価が一致することも重要である。一致しない場合は、評価資料等を用いて、評価を共有することが必要である。

　目的やねらいを理解し、自らの行動を自らが決め、その過程を正しく自己評価できるならば、学習過程がスパイラルアップのサイクルになり、主体的な探究活動が成立する。

③成績評価

評価の中心は校外実習や発表会での行動評価と情報レポートやフィールドノートなどの学習成果物の評価である。

校外実習での行動評価は、以下のような評価シートを用いて、生徒1名に対して2名の教員が評価を行う。実習終了後に、クラスを担当する6名の教員が、生徒一人ひとりに付けた評価について、具体的なエピソードなどを報告し、その根拠を共有し、場合によっては、自身の「評価の基準」の修正を行う。この作業は時間もかかり効率が悪いが、月に1回、生徒の全員の学習状況を共有し、次への支援に活かすことができるので、チーム・ティーチングの授業では効果的である。

No	氏名	班	時間帯別評価								観点別評価				装備チェック(不備に×)					不備記入欄	総合評価	氏名
			整列まで	出発まで	山ノ鼻まで	三又まで	竜宮三又まで	復路山ノ鼻まで	鳩待峠まで	まとめ	片づけ	関心・意欲・態度	思考・判断	技能・表現	知識・理解	時計	地形図5枚	救急用具	ビニル袋	雨具			
1																							
2																							

【評価規準】
関心・意欲・態度：説明を聞く態度・観察する位置が適切である。意欲的に活動できる。積極的に器材を使用できる。
思考・判断：説明に対して確認や質問ができる。タイミング良く適する装備・器材を使用できる。
技能・表現：双眼鏡やコンパスなどの器材を正しく扱える。FNに記録できる。服装・装備を適切に身につけられる。
知識・理解：活動内容・スケジュールを把握し、主体的に活動できる。基本的な地名や河川名を理解している。
【評価の基準】A：特に高い程度で満足できる。B：満足できる。よい。　C：概ねよい。妥協点。　D：不十分。改善が見られない。

図5-1　体験学習での行動評価のための評価シート

図5-1は、1学年の6月（入学して3回目の校外実習）に教員が用いる評価シートである。時間帯別評価は、主に態度（情意面）を形成的に評価するためのものであり、「教員が評価しているから頑張る」といった成績に対する意欲を排除し、安定して関心・意欲が高い状態を把握するためのものである。（※装備チェックは成績には反映させず、累積ペナルティがある。）

フィールドノートは、A6サイズ程度の小さな手帳であり、学校内外での授業で得られた情報（知識・技能など）はもちろん、自主的に調べたことや考えたことなどが書き込まれた、生徒の学習の過程を理解できるポートフォリ

オのようなものである。1年間に何冊も使う。評定のために使うのは、毎回の校外実習のたびに書く2ページのまとめであるが、生徒の学習状況を把握するためには、そのほかのページも重要な評価資料となる。2ページのまとめには、学習プログラムに対する批判・提案も書かせており、時間配分や使用する器材やその分担方法など、授業改善に役立つものもあるが、真のねらいは「主体的な学び」のためである。教員に押しつけられた活動ではなく、生徒の声で改善され、先輩から後輩へよりよい学習プログラムとして引き継がれるもので、生徒とともに作りあげてきたものであることを意識させたのである（図5-2）。

　情報レポートは、A4サイズ2ページだけで、様式は自由である。限られたスペースに、得られた多くの情報から他者に伝達すべき情報を適切に抜き出し、わかりやすくまとめることが求められる。文字だけでなく、図や色ペンも効果的に使うことを求めている。このレポートは、毎回の校外実習の学習の過程に作るものであるが、提出後にPDFファイルとして校内サーバに保存される他の生徒のもの（先輩のものも）を見て、修正して再提出し再評価

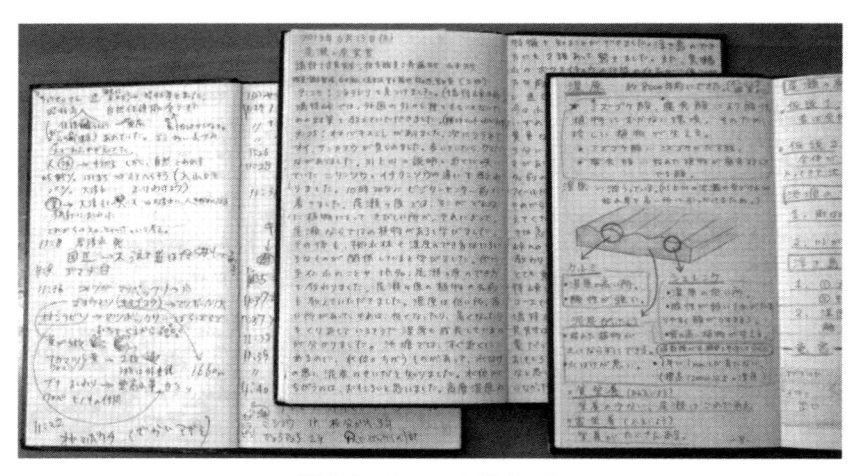

図5-2　フィールドノート
（左：校外実習でのメモ、中：実習後の2ページのまとめ（概要・課題）、
　右：まとめ専用ノート＝オリジナル図鑑）

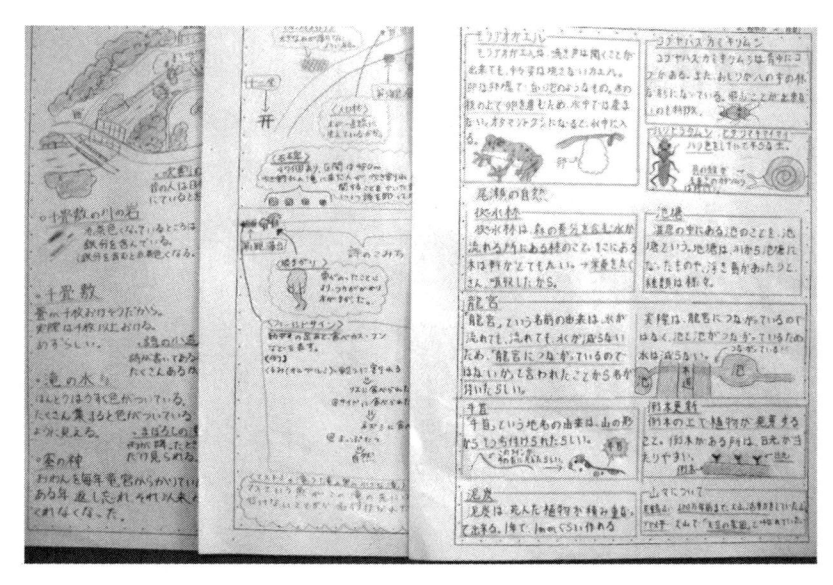

図 5-3 情報レポート
(A4 サイズ 2 枚、様式自由)

してもらうこともできる。他者のよりよいレポートを見たり、さまざまな工夫のあるレポートを見たりして、情報をまとめて表現する力を高めて欲しいからである(図5-3)。

　これらの評価資料(ノートのまとめやレポート)はABC等で評価して生徒に返却するが、それらを点数化したものを積み上げて評定を付けているので、ペーパーテストを実施しなくても、生徒には100点満点で成績を示すことができる。また、特によい評価を得た生徒に対しては、口頭で多くの教員が、具体的によかった点について声をかけたり、クラス全体に対しても紹介したりすることで、評価結果をフィードバックしている。

(5) 取り組みの成果

　自然や地域を題材とした体験的な探究活動を通して、「課題発見」「問題分析」等の力を高めてきた結果、理科研究の分野において顕著な成果をあげて

きた。さらに、「自然観察会」「自然環境調査」「自然体験イベント」「環境保全活動」などの自然保護の啓発活動に対して、群馬県環境賞、群馬県環境教育賞、全国緑化コンクールをはじめとした環境関連の多くの表彰を受けている。

こうした学校外からの評価は、「目指す生徒像」が実現されていることの表れと捉えると、生徒や職員の活動意欲を高める一助となる。

しかし、最も大切にしたい評価は「生徒自身による評価」や「卒業生の活躍」である。生徒の卒業文集からうかがえる「高校時代に身に付けたもの」は、小中学生から大人まで、多様な人々との関わりの中で磨いてきた「コミュニケーション能力」や「自己表現力」であり、その中心は、「インタープリテーション」や「プレゼンテーション」で心掛けてきた「ホスピタリティ」の精神であることが分かる。それは、「いつか役に立つ」といった学習成果ではなく、自ら「今」役立っていると実感しているからであろう。

卒業生の活躍は、尾瀬高等学校の最も大きな成果である。全国唯一の自然環境科の卒業生は愛校心が強く、平成13年に「自然環境科卒業生の会」を結成し、卒業生同士の連携や母校への関わりを続けている。翌年からは、「自然遊び、畑づくり、伝統文化」などをキーワードにした体験活動「ネイチャークラブ」を、地域住民等対象に毎月実施している。

卒業生は、授業や課外活動での「講師」としても活躍してくれる。自然観察会や自然環境調査、地域の住民を対象とした講座等の自然環境科関連の活動はもちろんであるが、在校生の進路相談、卒業生講話、学習指導など、さまざまな場面で多くの卒業生が遠方からも駆けつけてくれる。こうした支援は、自然保護に関わる分野で働く者や、大学で専門的に学ぶ者が徐々に増えているからこそできることである。生徒は、卒業生と接する機会を通して、その活動意欲を高めることができる。そして活動意欲の高まりが「自ら学ぶ力」を身につける一歩になっている。自然環境科の今後の発展には、これまで取り組んできた「外部連携」に加えて、「卒業生との連携」を強化することが不可欠である。

このように、生徒、地域住民、卒業生による「プログラム評価」を活かし、たゆまざる「修正」を加えつつ、時代のニーズに合わせた教育を展開している。

第3節　「総合的な学習の時間」の課題とその解決に向けて

(1)「総合的な学習の時間」の課題

　これからの社会が求める力、学力の三要素や高大接続改革等の関係からも、探究的な学習のさらなる推進が求められている。大学入試改革に関連して、「総合的な学習の時間の内容や評価」、「課題研究等の成果」もさらに注目されるようになる。課題研究等の探究学習は、各教科においても取り入れられてきているが、高等学校学習指導要領の中で約200回も記載されている「探究」という文字は、そのほとんどが理科・理数であり、他には国語、地歴・公民、家庭などにとどまっている。こうした背景からも、より一層、「総合的な学習の時間」においての探究学習の重要性が高まってきている。

　しかし、高等学校においては、「総合的な学習の時間」は3～6単位の履修となっており、多くの学校は各学年1単位の合計3単位であり、十分な時間が確保されない中で本格的に「主体的、創造的、協同的な探究学習」を行い、質の高い「課題研究」とするには課題がいくつもあり、各教科での探究学習についても同様のことが言える。

　主体的、創造的な探究学習のためには、「自ら課題設定する」ことと「探究学習の手法を身に付けている」ことが必要である。しかし、課題設定のためには、自分自身を見つめたり、先行研究の調査をしたりと多くの時間がかかる。本当に自分が向き合いたい課題でなければ、主体的に取り組むことは難しい。また、どのように探究学習を進めればよいのか、探究学習全体の流れを理解し、手法を学習しなければならない。

　また、協同的な探究学習も、安易にグループ研究とすれば、主体的に課題設定したり、判断したりする場面がなかったり、成果物等で評価できなかったりする問題がある。

　ここでは、これらの課題解決のヒントとして、尾瀬高等学校と中央中等教育学校の事例を紹介する。

(2) 教科と連動する尾瀬高校「地域活性化プロジェクト」[1]

①事例の特徴

尾瀬高校自然環境科では、教科での探究的な学習（地域の自然を題材にした第2学年の課題研究）の成果を第3学年の「総合的な学習の時間」に引き継ぎ、論文やリーフレットにわかりやすくまとめ、学校内外で繰り返し発表（情報発信）する学習を通して、他者の考えを知り、地域への理解を深め、地域社会に貢献するとともに、自己のあり方生き方を明らかにしようとすることをめざしている。自分自身のみの関心事であった教科での探究学習の成果を、地域との関わりを通して、横断的・総合的な学習に発展させる事例である。

②学習評価

学校で定めた「育てようとする資質や能力及び態度」をふまえて次のように観点を定め、評価規準を設定した。

【評価の観点と評価規準】

・「表現力」地域貢献に関する自分の考え、及び自分自身の成長について、相手や目的に応じて構成や展開を工夫して発表している。
・「計画実行」論文のテーマに対して内容が妥当であるかを検討しながら改善計画書を作成し論文を修正している。リーフレットが地域社会に役立つ内容かを検討しながら改善計画書を作成し、リーフレットを修正している。
・「将来展望」自分が生活する地域の将来を考え、地域の一員としての自己のあり方生き方について文章にまとめている。
・「他者理解」リーフレットの内容を、地域に役立つものにするために、他者の意見を参考に修正している。

評価は、論文改善計画書、リーフレット、振り返りシート、ポスターなどの制作物の評価資料を中心に、自己評価・相互評価、観察評価を組み合わせて行っている。多様な制作物や異なる評価方法を組み合わせることにより、多面的に評価することができる（図5-4）（図5-5）。

第5章　総合的な学習の時間での探究的な学びとその評価　109

2　自分の論文の良い点や改善点を書きだそう。（他者からのアドバイス）
○ 吹割の滝でしか見られないような動植物を調べたらいいのではないか。
○ 知ってもらいたい事をより多くの人に知ってもらうためには、インターネットで野鳥の分布などを毎月公開して、更新したらいいと思う。
　→ 卒業した後、どうやって情報を更新していくのか。
○ 観光客は景色を求めてくるのだから、写真スポットなども紹介したらいいと思う。

3　自分の論文の良い点や改善点を書きだそう。（自分で気づいたこと）
○ 野鳥など特定の調査だけではなくて、花層やどんな動物がいるかなど他の調査をもっとして、吹割の滝だけでなく、他の環境の魅力を伝えられたらいいと思った。
○ 調査データのグラフや表が見づらかったり、分かりづらいという意見があったので、色を変えたり、円だけでなく棒グラフを作ったりして、もっと見やすくしたほうがいいと思った。

図5-4　自己評価シート

地域活性化プロジェクト　論文改善計画書

3年 2組 14番 氏名　生徒S

1　内容に関して、修正点とその改善案
・データ数を増やしたり、比較したりするために、自然環境調査やアンケート調査をもっとしたほうがいいと思った。
・吹割の滝の魅力を伝えるために、他の場所と比較したり、吹割にしかない物を紹介する。
・季節でどのように移り変わったり、変化しているかを見て、四季を通しての良さを伝えて、たくさん来てもらえるようにしたい。
・自然環境調査だけで終わらずに、吹割の滝の魅力を伝えられるようにまとめたい。

追加調査の予定（いつ？どこで？何のためにどんなことをする？）
・毎月、吹割の滝で、季節による変化、他の物と比較するために、自然環境調査（野鳥、ほにゅう類、花、地質・地形）をする。
・9月、吹割の滝付近、駐車場で、吹割の滝を利用している人が自然環境に興味や知識を持っているのかを知るためにアンケート調査をする。

2　文章表現に関して、修正点と改善案
・どの図に対していっているかなどあいまいな所を直す。
・結果と考察を別にしていたのに、くり返し同じ事を書いていたので、結果と考察を一緒にしたほうがいいと思った。

3　データ・資料（図表など）に関して、修正点と改善案
・円グラフの色が似ていて見分けにくかったり、文字が小さかったりして見にくかったりしたので、項目ごとに色を分けたり、文字を大きくしたりする。
・円グラフだけではなくて、棒グラフなど見やすいようにグラフを使い分ける。
・データを文章だけでなく、表やグラフ、図を使って、見て分かりやすいようにまとめる。

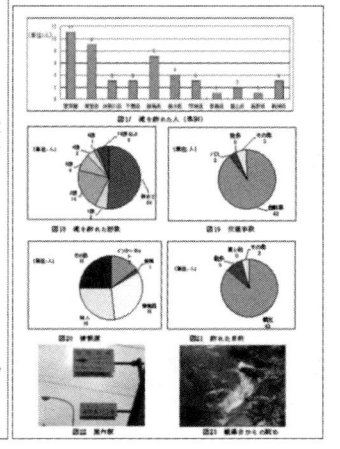

図5-5　論文改善計画書（左）と修正した論文の一部（右）

たとえば、「計画実行」では、自己評価・相互評価と制作物の組み合わせで次のような評価ができる。

　地域の観光地（滝周辺）の自然環境調査を行った生徒Ｓは、クラス内の論文評価会でのクラスメートとのやり取りの中から、まとめ方の工夫や追加研究（調査）の必要性を感じ、自己評価シートに「野鳥などの特定の調査だけではなく、花暦やどんな動物がいるかなど、他の調査をもっとして、滝だけでなく、他の環境の魅力を伝えたらいいと思う。」などと記述しており、論文をより充実させようと考えていることが読み取れる。

　そして、論文改善計画書に、自然環境調査（野鳥、ほ乳類、植物、地質・地形）や、利用者（観光客・地域住民）へのアンケートなどの追加調査の項目をあげており、修正した論文では、そのデータを写真・図・表にまとめ、調査対象地の魅力をわかりやすく記載していた。

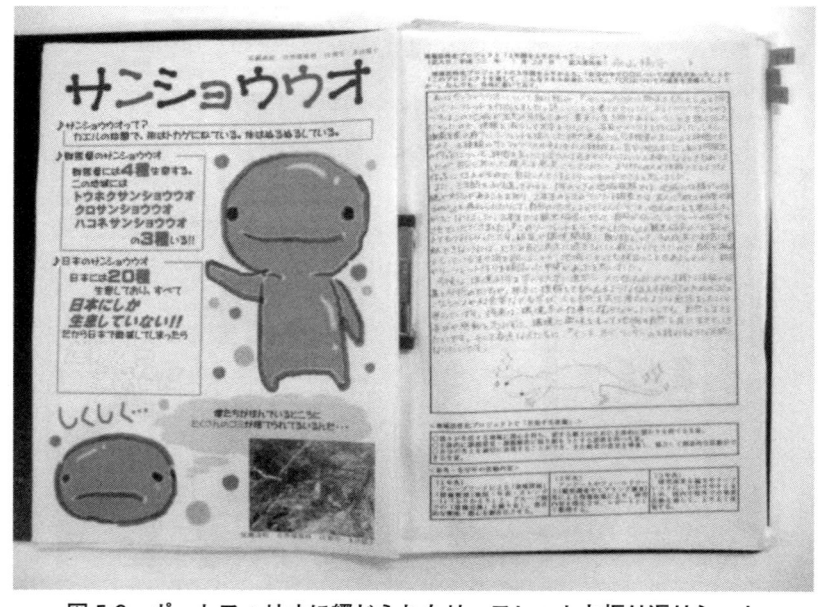

図5-6　ポートフォリオに綴じられたリーフレットと振り返りシート

こうした姿から、評価規準に示す生徒の姿が実現していると考えることができる。

また、「将来展望」では、制作物の評価が次のようにできる。

2年次にサンショウウオをテーマに課題研究に取り組んだ生徒Nは、3年次の振り返りシートを見ると、自分が強い関心を示したサンショウウオの情報をまとめたリーフレットが地域にとっても必要とされていることを知り、生き物について探究することで、地域に貢献できると実感していることが読み取れる。そして、「将来は、環境系の仕事に就かなかったとしても、環境に興味をもって地域の自然と共に生きていきたいです。」と、地域の一員としての自己のあり方生き方について考えている。

ポートフォリオに綴じられたリーフレットからは、貴重な生物であるサンショウウオが、環境の悪化により地域から絶滅する恐れがあることを訴え、地域の環境保全に主体的に関わろうとしていることが分かる。(図5-6)

こうした姿から、評価規準に示す生徒の姿が実現していると考えることができる。

(3) 中学校と連携する中央中等教育学校「地球市民育成プロジェクト」
①事例の特徴

群馬県立中央中等教育学校は、各学年の定員120名(4学級)の中高一貫校である。平成15年に設立(1期生は翌年入学)し、"World Citizen"(地球市民としての日本人)の育成を目指している。

「総合的な学習の時間」では、前期課程(中学校相当)の理科や社会科、国語などでの探究学習、課題解決学習、調べ学習等の手法や内容を、後期課程(高等学校相当)の課題研究(個人研究)で活用することで、先行研究を調査する時間や探究手法を学習する時間を短縮できている。

また、生徒同士のディスカッションによる創造的・協同的な「ゼミ」活動を、年間を通して繰り返す(前期課程生7回程度、後期課程生4回程度)ことで、生徒と教員の評価力を高め、主体的で探究的な学習を深化させている。

②学習評価

「ゼミ」活動では、学校で定めた「育てようとする資質や能力及び態度」をふまえて次のように観点を定め、評価規準を次のように設定した。

【評価の観点と評価規準】
- 「提案」　具体的な提案ができる（より良くなる）
- 「指摘」　根拠を示して指摘できる（なぜダメなのか）
- 「批判」　納得できないことを伝える（批判できる）
- 「共感」　具体的に良い点を言える（共感できる）

「ゼミ」活動では、1人の生徒が4分程度で研究計画や研究成果などを発表し、その内容について3人の生徒が「提案」「指摘」「批判」「共感」の4つの観点を意識して発言する。これらの10分間程度のディスカッションを終えた直後に、4人分の評価（自己評価と相互評価3名分）を評価シートに記入する活動を1コマの授業の中で4回繰り返す。そして、毎回の評価直後に教員のコメントを聞き、教員の評価と自分の評価を比較したり、どのような言動が求められているか考えたりする。

自分を評価する活動を繰り返すことで、目指す生徒像をより具体的にイメージすることができる。

（4）さまざまな連携・連動

このように、「総合的な学習の時間」においては、地域や教科、中学校や大学との関係も重要である。

高等学校の理科、国語科、地歴・公民科、家庭科などの普通科での探究学習の成果を「総合的な学習の時間」と連動することで、横断的・総合的な探究学習へと発展させることができる。また、地域（外部）との連携をはかるための時間を確保でき、自分の関心事が社会の中でどのように位置づけられているかを知るとともに、自分がどのように関わっていくか、自分のあり方生き方を考えるきっかけになる。このことが主体的な学習への動機となる。

中学校の理科や社会では多くの時間をかけて探究学習を行っており、国語

などでも言語活動として、情報を集め、情報を解釈し、意見にまとめる学習を行っている。中学校段階で探究学習の手法を学び、教科等での学びの関連をはかることで、発展的で横断的・総合的な探究学習が可能になる。そして、生徒同士のディスカッションとその評価にできるだけ多くの時間をかけることで、主体的、創造的、協同的な探究学習を深化させられる。

> **まとめ**
>
> ・「目指す生徒像」を明確にするとともに、生徒、教員等の関係者でそれを何度も確認し、共有することが、主体的な学習の第一歩である。
>
> ・教育活動のあらゆる場面において、生徒の姿を丁寧に見取り、能力や意欲が発揮されているかなど、日々の簡単な振り返り(評価)を言葉にして共有することで、学習者も学習内容もよりよく改善できる。
>
> ・「課題研究」における探究学習での指導や評価の蓄積をアクティブラーニングに活かすことで、誰が、いつ、どのような指導と評価を行うか、指導計画を明確にすることができる。
>
> ・自己評価・相互評価等を繰り返し、正しく評価する力(自己評価能力)を身に付けることで、自己肯定感や有用感が高まり、学習者や学習の質を高めることができる。そして、意欲の高まりが「自ら学ぶ力」を高め、質の高いアクティブラーニングが可能になる。

注

1　第3節(2)は、松井孝夫(2012).「評価に関する事例1」国立教育政策研究所『総合的な学習の時間における評価方法等の工夫改善のための参考資料【高等学校】』教育出版(7, 11-12頁)を加筆修正したものである。

引用文献

群馬県立尾瀬高等学校（2015）.「群馬県立尾瀬高等学校公式ホームページ」(http://www.oze-hs.gsn.ed.jp/, 2015年8月31日検索).

群馬県総合教育センター（2006）.『ぐんまの教育』No.1, 群馬県総合教育センター, 61-62頁.

国立教育政策研究所（2012）.『総合的な学習の時間における評価方法等の工夫改善のための参考資料【高等学校】』教育出版.

文部科学省教育課程課(編)（2008）.『月刊中等教育資料』2008年4月号, ぎょうせい.

◯さらに学びたい人に

- 田村学（2015）.『授業を磨く』東洋館出版社.
  ▶ 21世紀学力を育むには「探究」「協同」が鍵であり、「総合的な学習の時間」での「探究」「協同」の学びは各教科等にも汎用できる。そして各教科との連携をはかることで、大きな成果が得られる。アクティブラーニングと思考ツールの活用での授業改善を提案する。

- 田村学・みらいの会（2015）.『生活・総合アクティブ・ラーニング』東洋館出版社.
  ▶ より高次なアクティブラーニングにより、「能力の育成」や「知の創造」が実現する子どもの学びについて、小学校の事例を用いて具体的に、詳しく紹介されている。小学校の取り組みを知ることは、中学校、高等学校の「総合的な学習の時間」を充実させることにつながる。

第6章

育てたい生徒像にもとづく学校ぐるみのアクティブラーニングとその評価

下町　壽男（岩手県立大野高等学校）

　この章では、育てたい力を可視化し、評価と授業改善を一体的に進めていくことの重要性、及び、組織として推進されるアクティブラーニングの評価の方法について、2014年度まで筆者が副校長として勤務していた岩手県立盛岡第三高等学校(盛岡三高)の「参加型授業」の取り組みをもとに述べる。

第1節　はじめに──学校としてアクティブラーニングに踏み出す前に

(1) アクティブラーニングとキャリア教育の類似性

　アクティブラーニングとキャリア教育はその提示のされ方や、現場での推進の難しさなど、いくつかの類似点がある。今、多くの高校では、キャリア教育が、前年踏襲の型どおりの取組に終わっている状況が見られる。その原因として、キャリア教育の意義や理念を、その学校における自分たちの言葉で再定義しないまま進めていることがあると考えられる(工藤, 2015)。

　今、すべての高校で推進されようとしているアクティブラーニングにもこれと同じことが当てはまるのではないか。アクティブラーニングを1つの定型的な手法ととらえ、「推進すること」だけが徹底されると、底の浅い、形だけの取組みになってしまうことが想像できる。キャリア教育にしてもアクティブラーニングにしても、汎用的なマニュアルが存在して、それにしたがってすべての学校が一様なやり方で行えるようなものではない。大切なこ

とは、自分たちの目の前にいる生徒を見つめ、そこから「私たちの学校の生徒につけさせたい力」を突き詰めて考え、自分たちの言葉で「私たちの学校のアクティブラーニング」を語り、アレンジしていく事であり、そこを出発点にすべきである。

> **各巻との関連づけ**
> 第4巻の「キャリア教育の視点から見たアクティブラーニング」と題する第5章（鈴木達哉）でも、キャリア教育とアクティブラーニングの親和性について論じています。

(2) アクティブラーニングと工夫された授業とはどう違うのか

「アクティブラーニングと騒がれているが、生徒を主体的に動かす授業は昔からやってきたこと」という意見をよく耳にする。しかし私は、敢えて、わが国で現在求められているアクティブラーニングは、そのような単なる工夫された授業とは一線を画す、ある目的、意図を持って行われるものであると主張したい（図6-1を参照）。

アクティブラーニングとは、「私の工夫された授業」から「私たちの工夫された授業」という同僚性、さらには「私たちの学校が目指す人づくり」というグランドデザインへと広がる社会的なムーブメントでもある。そのような視点でアクティブラーニングを語るとき、私たちは以下の点を踏まえておくことが必要である。

①アクティブラーニングは単なる学習定着率を高める特別な授業方法のことではない。

②アクティブラーニングを柱とする学習指導要領の改訂は、大学入試改革、大学教育改革とセットになっている。

③アクティブラーニングは、社会が総がかりで行うべき、教授パラダイムから学習パラダイムへの変革（溝上, 2014）を促すという意図を持っている。

ALと「工夫された授業」はどこがどう違うのか

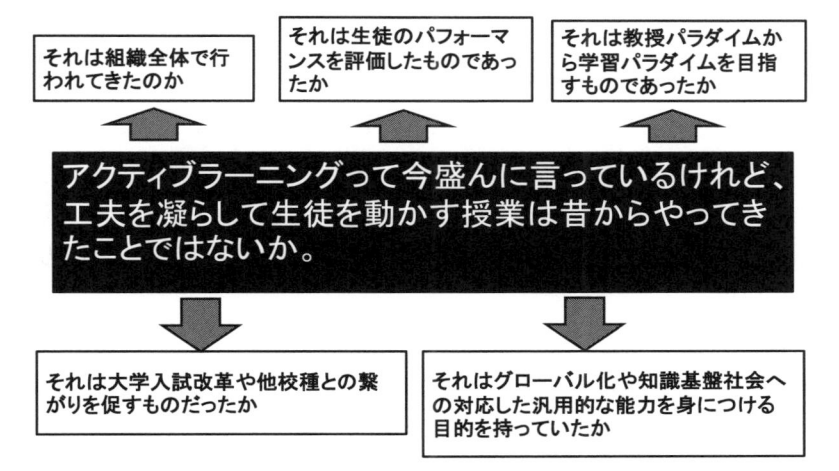

```
[それは組織全体で行    [それは生徒のパフォーマ    [それは教授パラダイムか
 われてきたのか]        ンスを評価したものであっ   ら学習パラダイムを目指
                        たか]                     すものであったか]
            ↑              ↑                    ↑
┌─────────────────────────────────────────────┐
│ アクティブラーニングって今盛んに言っているけれど、 │
│ 工夫を凝らして生徒を動かす授業は昔からやってき     │
│ たことではないか。                              │
└─────────────────────────────────────────────┘
            ↓                          ↓
[それは大学入試改革や他校種との繋   [それはグローバル化や知識基盤社会へ
 がりを促すものだったか]            の対応した汎用的な能力を身につける
                                    目的を持っていたか]
```

図6-1　アクティブラーニングと工夫された授業の違い

そのようなことを踏まえた上で、高校でアクティブラーニングを推進するためのポイントとして以下の点をあげておきたい。

[1]　学校全体で組織的に行うこと
[2]　その意義や値打ちを生徒や保護者に伝えること
[3]　評価観やテストのあり方を変えること
[4]　アクティブな実践事例を共有すること
[5]　アクティブラーニング型授業の形式的な手法を画一的に押し付けないこと

第2節　アクティブラーニングの評価について

(1) つけたい力を評価するための可視化

アクティブラーニングの評価(成果)に関して、必ず遭遇する質問は、「その導入によって学力が向上したのか」「その数的根拠は」というものである。こ

こで質問者が期待する「学力の向上とその数的根拠」とは、大概が、模試の偏差値、センター試験の得点、大学への進学実績などの変化を指している。

この質問を考える前に、まず、学力とは何か、そして、そもそも評価とは何であったかについて簡単にまとめておきたい。

「学力」とは、平成19年に改正された学校教育法第30条によって、以下のア、イ、ウ(学力の三要素)として定義されている。

　ア　基礎的・基本的な知識・技能
　イ　知識・技能を活用して課題を解決するために必要な思考力・判断力・表現力等
　ウ　主体的に学習に取り組む態度

授業とは、生徒に身につけさせたい力、というゴールがあり、そこから出発し、展開を練り、実施されるべきものである。その上で、評価とは、「身に付けさせたい力」がどのような形で生徒の中に実現、構成されたのかを可視化させ、その実現具合を数値なども使いながら推し量ることであり(学習評価)、また、その結果から自身の授業改善にフィードバックしていくことでもある(授業評価)。

では、これまで評価はどのように行われてきただろうか。

　①「生徒につけたい力とは何だったか」
　②「その力をどのように可視化したか」
　③「可視化された力をどのような方法で評価したか」
　④「誰が評価したか」

という4つの流れで振り返って概観してみる。すると、

　①「模試の偏差値や進学実績につながるような知識や技能を」
　②「テストによって可視化し」
　③「ペーパーテストの得点と提出物などの平常点によって」
　④「教師が評価した」

というパターンになることが多いのではないだろうか。

たとえば、直近のテストの点数をあげるために、課題を与え、ドリルを繰り

返し、必要な部分だけを何度も教えるなどの授業を繰り返せば、当然その後のテストの点数はあがるはずである。しかし、それと引き換えに「テストに出ることしか学ばない」「余談的な内容や発展的な内容にはソッポを向く」「学び続ける力がない」「テストが終われば忘れる」など、失うものも多い。

　学力の法的な定義やアクティブラーニングの提唱は、そういった学びの現状における反省を踏まえて登場したものであると理解しておくべきである。

　つまり、アクティブラーニングとは、学力が、単なる知識・技能ではないというところに立脚して設計された学習形態であり、そのような学力を評価するために、学習者の認知プロセスの外化・パフォーマンスが求められるのである。

　したがって、「学力が向上しているか」「その数的根拠は」という問いに対しては、次のように答えたい。

　「『学力』には、知識・技能だけでなく表現力などの能力や主体的に学ぶ態度なども含まれる。ならば、まずは授業でそれを可視化しないことには評価そのものが行えない。根拠を示す以前に、可視化するために、一方通行ではない授業を行うことが前提となる。また、アクティブラーニングによって、学ぶ態度が変化し、結果としてセンター試験の得点や大学進学実績の向上につながるのかもしれないが、その場合、評価するべきは『学ぶ態度』の変化ではないか。」

(2) アクティブラーニングの推進体制・実施計画の評価

　評価というと、生徒の成績を評価する手法にばかり目がいきがちであるが、生徒の学力を可視化するような授業であったか（授業評価）も併せて考えていかなければならない。また、**図6-2**にあげるように、組織としてアクティブラーニングを行う以上、その体制や計画は期待した効果をあげたのか（アクティブラーニングの推進体制の評価）、アクティブラーニングによって生徒がどのように変容したか（育てたい力が身についたかの評価）など、大きな枠組みでの評価も議論していく必要がある。また、評価は教師が生徒に対して行うだけではなく、教師、生徒、学校関係者、連携機関など様々な方面から行う必要がある。

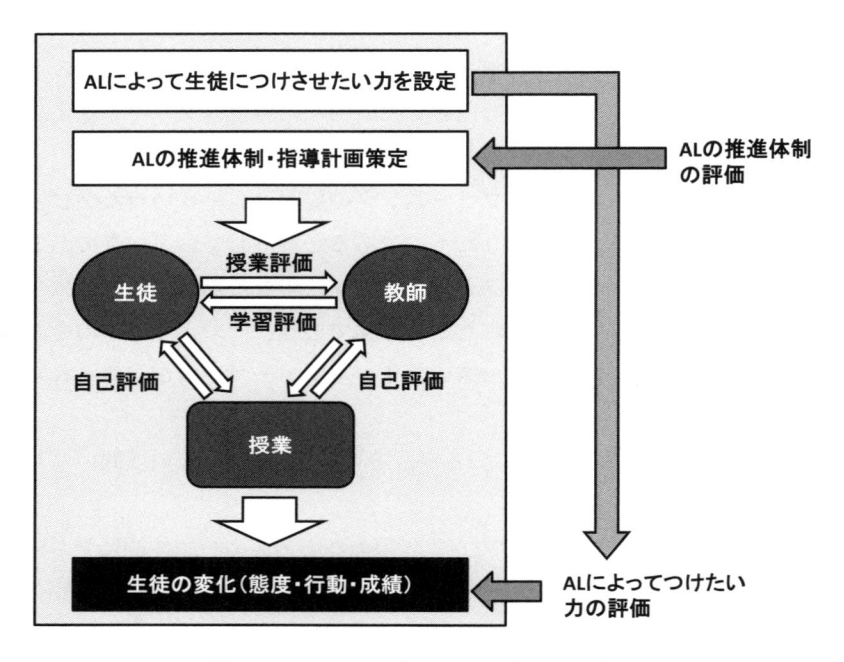

図 6-2　アクティブラーニング評価の枠組み

第3節　盛岡三高の「参加型授業」の取組

(1)「参加型授業」が始まった経緯

　改革が始まる前の盛岡三高の、典型的な授業とその評価についての流れを図6-3にまとめてみた。まず学校全体として、教育成果を、個々の教師の力量に頼る側面が見られ、他校や前学年の模試偏差値との比較を指標にした授業、大量の課題や叱責などで生徒を追い込むような指導がしばしば行われていた。このような授業の中では「パターンを覚えこむ暗記力」「課題の量をこなす我慢強さ」「教師の教えを守る従順さ」のような、教科内容とは異なる「能力」を生徒に求め、それを評価しようとする傾向が強まりがちである。

　その結果、教科の面白さや内容を追求しようという学問へのこだわりや、学

ぶことを楽しむ姿勢が十分育ったとはいえず、大学合格という進学実績は高まったとしても、生徒に疲弊感が生じ、学び続ける力が無い生徒、結果にだけこだわる生徒が少なからず生み出されていたという傾向は否めなかった。これは、進学校と呼ばれる多くの学校にも当てはまるものではないかと思われる。

そのような中で、平成18年度に「未履修問題」(大学進学に特化した裏カリキュラムの存在)が起き、これを契機に、学校全体で、これまでの教育のあり方を批判的に検証しようという機運が生まれ、平成19年度から、「三高改革」に着手することになる。

改革の軸として「生徒の主体性を育てる」「生徒に時間を返す」こと、そして、課題や再テストなど「授業以外で勝負」ではなく、「授業で勝負する」ことが確認され、現在もその理念は引き継がれている。

なお、特筆すべき具体的な取組は以下の3点である。

①改革の推進力として「経営企画課」を設置する
②「Dプラン」を立ちあげ、全生徒がディベートを経験する
③50分7コマ授業に移行する(その代わり、放課後・朝の再テストや課外授業の禁止、土曜講習の禁止、課題の調整を行うなど)

盛岡三高の改革のポイントは、学校の教育目標、地域や保護者の要請、知識基盤社会の中で社会が求めるスキルなどを踏まえた上で、「盛岡三高が育てたい生徒像」は何なのかというところから出発し、そのためにはどのような授業が必要であるかと、逆向きに議論していったところである。しかし、教科の特性などを考慮すると、個々の授業改善を一斉にすすめていくことは困難である。そこで、総合学習にメスを入れ、1年次の総合学習を、協働型問題解決とプレゼンテーションとし、2年次はディベートを実施することにした。このような「総合的な学習」による人づくりを「Dプラン」(現在はSDプラン)と名づけ、全職員が組織的に取り組むことが確認された。この取り組みが、主体的に授業に参加するような生徒を生みだす基盤となり、「参加型授業」というキャッチフレーズのもと、個々の教科の授業改善につながっていった。

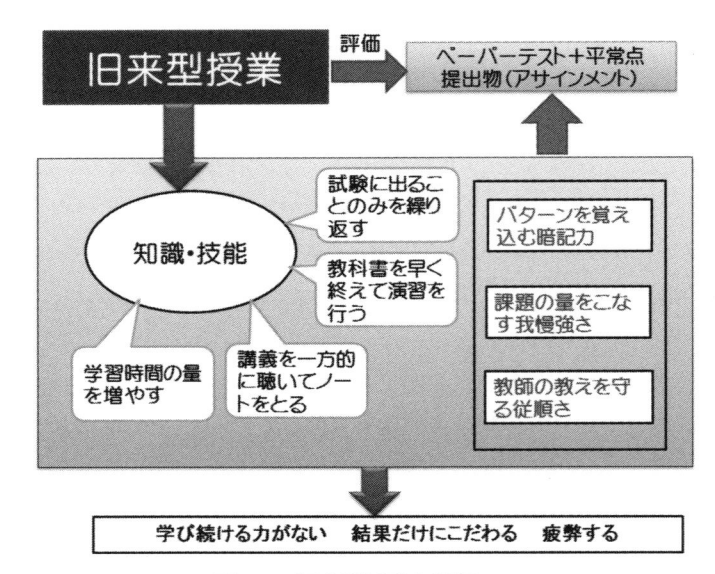

図 6-3　旧来型授業と評価

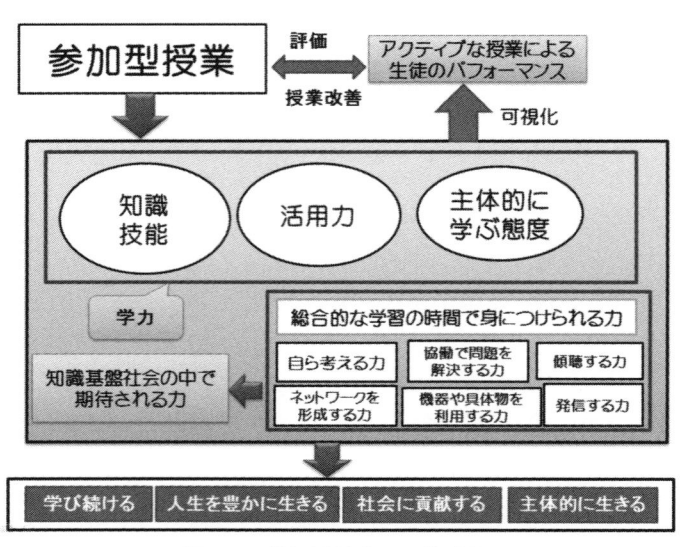

図 6-4　参加型授業の目指す姿

ここで参加型授業全体の評価を行うために必要となる、参加型授業の目指すべき姿を概念図(**図6-4**)に示しておく。**図6-3**と対比して眺めてほしい。

まず、従来の知識・技能一辺倒ではなく、活用力や学ぶ意欲といった「学力の三要素」をターゲットにした授業の構築が意識される。さらに、総合的な学習で培われる知識基盤社会が求める力の育成も授業の中で同時に目指す。それらの能力を評価するためには、それを可視化するような、生徒のパフォーマンスを取り入れた授業への改善が必要となる。これが参加型授業のスピリッツである。可視化された能力を評価することと、授業改善を一体的に進め、最終的に、学び続ける、人生を豊かに生きる、社会に貢献する、主体的に生きる、など育てたい生徒像へと繋がることをこの図は示している。

(2)「盛岡三高参加型授業」の平成26年度の主な取組
①リーフレットの作成と職員への周知

参加型授業とは一体どのような授業のことか、何をすればいいのか、と言う職員の質問に応じるため「平成26年度盛岡三高参加型授業リーフレット」を4月の段階で作成し、趣旨の共有化をはかった。

リーフレットでは、参加型授業を、「知識・技能を教師が一方的に注入するのではなく、双方向から展開される授業」「生徒が聴く、書くだけに終わるのではなく、考えること、気づくこと、発信することができるような活動を取り入れた授業」「教師の充実した教材分析によって、生徒に納得と安心、信頼感を与える授業」「言語活動を通して生徒の思考・判断・表現が一体的、循環的に進められる授業」という4つのポイントと、「観点別評価」「教員の協働文化の醸成」「絆を生み出す授業」「社会が求める問題解決能力」という4つのキーワードによって再定義した。また、今年度の具体的な取組内容、予想される疑問への回答、参加型授業の具体的実践例についてもまとめ、全職員に配布した。

このようなリーフレットは、学校ぐるみのアクティブラーニングを進めるための活動の評価規準となるものであり、各学校において、授業手法の見直しを行う前に、立案・設計しておくべきであると考える。

②校内での全職員による公開授業

全員が公開授業を1回以上行う。授業者は、授業の概要を「授業公開シート」(第4節(1)に例示)にまとめる。授業参観は、他教科の教員も積極的に参観することとし、必要に応じて、ビデオ撮影や授業後に教科研究会を実施する。このような中で、授業を互いに見せあう教員文化が醸成される。

③校内授業力向上研修会の実施

定例職員会議終了後に、注目授業動画の鑑賞と解説、外部からの提言の紹介、実践報告など、数分間の授業力向上研修会を実施する。また、期末テスト期間を利用して90分程度の職員研修会を年2回実施する。内容は、参加型授業の実践発表、授業動画の鑑賞と解説などである。

④授業評価のためのコンテンツの開発と配信
(a) 参加型授業通信の発行

日常の授業を参観する中で、全体に広く知らせたい授業を「注目授業」として取りあげながら、通信にまとめる形で授業評価を行い、研修資料として役立てる。通信は校内LAN上でも自由に閲覧できるシステムを構築している。

(b) ワンポイント授業動画コンテンツの作成と配信

注目授業を動画撮影し、ダイジェスト版に編集して提示する。この動画は校内での研修会に用いるとともに、校内LAN上で共有している。また、DVD化し、教育機関や他校にも希望に応じて頒布した。

第4節　盛岡三高の「参加型授業」の評価

　教師による生徒の学習評価、授業改善のための授業評価、「参加型授業」推進の取組の評価、「参加型授業」総体として生徒がどう変貌したかの評価の4つの側面から述べる。

(1) 個々の授業の中での学習評価の工夫
①「授業公開シート」を用いた学習評価

　「授業公開シート」(図6-5)は、関心・意欲・態度、思考力・判断力・表現力、技能、基本的な知識の4つの観点について、それぞれ「授業での工夫」を記述するようになっている。これにより、学習指導案を作成するより平易に評価規準を設定することができる。

　以下に、地理A(2学年、担当：長内誠)で行った「ASEAN模擬首脳会議」の授業の概要と、その「授業公開シート」を紹介する。

●内容

　8名の少人数クラスによる授業である。生徒8名中7名に、ASEAN諸国の中の7か国を事前に割り当て、各国の生活・文化、その国の良さ、課題などを調べさせる(事前3時間)。1名は、コーディネーターとして、すべての国を浅く広く研究しておく。本時は、生徒が調べた、ASEAN諸国をそれぞれが紹介しあい、地域の違いや類似性について、ディスカッションを通して深く考えさせる。

　最初の40分間は生徒によるディスカッションで、教師は最後の10分に登

2014 校内研修用 授業公開シート 基本データ 教務→56授業公開シート

実施日 時間	9月10日(水)7校時		
授業担当者	長内 誠		
教科・科目	地理A	対象クラス	2-1地理A受講者
単元等	3章 世界の諸地域の生活・文化　3東南アジアの生活・文化		
本時の狙いやポイント	東南アジアの文化や生活について理解を深め、各国の違いを理解する。	参観者コメント	
関心・意欲・態度等を持たせるための工夫	生徒が調べた、ASEAN諸国を紹介することのより地域の違いに気づいているか	参観者コメント	●自ら発表し、他の発表を聴くことで、他国との対比を考え、ASEAN諸国の全体像を掴むことができている。
思考力・判断力・表現力をつけさせるための工夫	他の生徒が紹介する国と自分が調べた国の違いに気づき、なぜ違うのか考えているか	参観者コメント	●一方的に教師からの講義を受けるのではなく、互いに調べたことを議論するという目標が設定されているため、自発的に学ぶ態度が生まれている。
技能をつけさせるための工夫	他の生徒を紹介を聞きながら、自分の国との対比を考える。	参観者コメント	●事前調べの時間を3時間確保したとのことだが、生徒によっては、家庭に持ち帰って深く研究した者もいるとのこと。生徒の自発的な学びが促進されている。
基本的な知識等を定着させたり、理解を深めさせるための工夫	東南アジア以外の地域と同様に、宗教や民族の違いが生活や文化に大きな影響を与えていることに気づいているか	参観者コメント	
その他	●生徒の事前調べ学習の成果物（プリント）及び、ディスカッションの様子から4観点を評価する。	参観者コメント	生徒の活動の40分の間、教師は生徒の活動の評価をじっくり行うことができる。

図 6-5　授業公開シート

場し、生徒の討議の内容を評価しつつ、補足説明を加える。生徒の活発な発言と論理的な応答は、ディベートによって培われていると推察できる。

　教師は、「授業公開シート」(図6-5)に基づいて、事前にコーディネーターと簡単な打合せを行う。コーディネーターは生徒7人が個々に作成する「調べ学習シート」を手元に置き、各自に、自国の紹介、良さ、課題などについて発言を振る。そして、調べ学習シートの内容を踏まえながら適宜質問を行い議論を深めていく。

教師は、討議の内容と調べ学習シートから本単元の学習評価を行う。
　また、「授業公開シート」には参観者のコメント欄が設けられており、授業者にフィードバックし、授業改善につなげる形にもなっている。

②ジグソー法で構成された知識から新たな発見に向かわせる
　ジグソー法とは、東京大学教育支援コンソーシアム推進機構(CoREF)が推進している協調学習の1つの手法である。
　まず、クラスを三分割し、部品となる3つの課題を与え、その後、それらを持ちより、互いに説明しあう中で、3つの課題を組合せて新しい考えを生みだしていくという流れで行われる。
　以下に、数学Ⅱの、三角関数の加法定理に関する授業(2年、担当：山根智暁)を紹介する。

●内容
　3種のエキスパート活動を経たジグソー法によって、図6-6を、サインの加法定理の水源地として納得する。これをゴールとせず、その後、このエッセンスを用いた新たな問題を考えさせる。これによって、生徒から三角関数の合成(図6-7)、コサインの加法定理(図6-8)、倍角の公式などのアイデアなどが出てきた。
　通常見られる数学の授業では、公式を導いた後は、それを活用する問題演習に向かわせることが多いが(知識や技能の評価)、このような自由課題を与えることで、生徒の持つ「数学的な見方・考え方」まで評価を行うことができる。また、他者との協働により、新たな発見や考えが生まれていくことも実感できる。

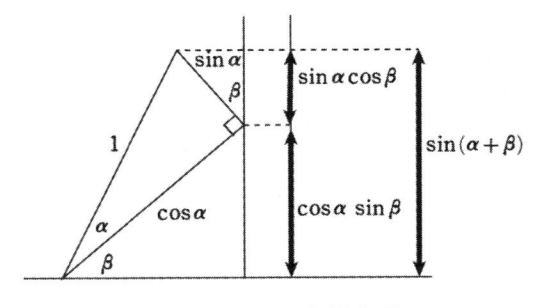

図6-6　サインの加法定理

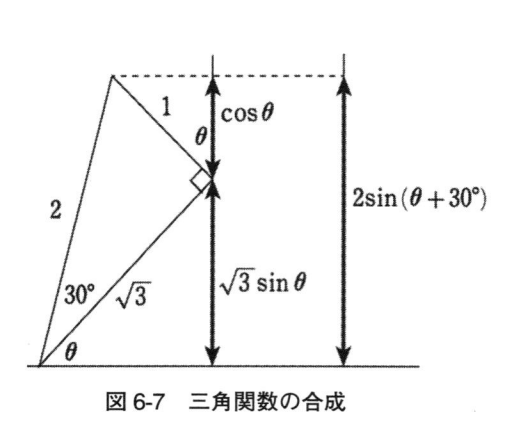

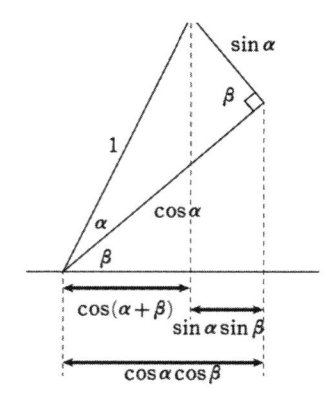

図6-7　三角関数の合成　　　　図6-8　コサインの加法定理

③「受信・発信」シートによる生徒の言語活動の学習評価

生徒のペアによって説明しあう活動を評価するために考案された日本史の「POSシート」（2・3年、担当：高橋栄一）を紹介する。

> **各巻との関連づけ**
> 第1巻の「知識構成型ジグソー法」と題する第4章（益川弘如）では、ジグソー法の1つとしての三宅なほみが開発した「知識構成型ジグソー法」を、理論的・実践的に説明しています。

● 内容

高橋教諭は、単元をひと通り学習した後、「これまでの学びの復習」と、「それを踏まえてのこれからの学び」を展望する授業を行っている。ペアワークによって、2つの歴史的事象を対比することを中心に据えた活動で、図6-9の例では「摂関政治」と「院政」の対比から、次の「平氏政権」の単元につなげていくことを目標としている。

図6-9　POSシート

[1] シート作成
上段はこれまでの学びをイメージしやすいよう図や表、フローチャートなどを用いてまとめる。下段は、内容を裏付ける資料などを記す。

[2] 発表
発信者を決め、発信者はシートを用いて2つの事象のうちの1つを選んで説明する。受信者は「受信用シート」にメモをする。次に、もう1つの事象を受信者、発信者を入れ替えて発表する。

[3] 内容紹介・評価
数人が発表を行い、教師は即時評価する。シートは教師が回収し、ABC段階などの評価を行い、シートにコメントし次時にフィードバックする。

(2) 生徒の授業アンケートによる授業評価

年2回、全科目全授業に対して授業アンケートを実施している。内容は、以下の7観点について、4段階の評価を生徒が行うものである。

1　毎時間の学習のねらいやポイントが明確である。
2　1時限(50分)で扱う量は適切である。
3　興味・関心を持って学習に取り組めるよう授業が工夫されている。
4　説明の仕方など、授業がわかりやすい。
5　授業を通じて、学力や技能の向上が感じられる。

6　主体的に参加できる授業の展開になっている。
7　課題の内容・分量は適切である。

アンケート結果をもとに、**図6-10**のような個票を作成し、職員にフィードバックし、個々の授業改善を促す。また、学校全体の結果を定点観測し、経年比較など、傾向の推移を分析する。

(3)「参加型授業」推進の取組の評価

①外部からの評価（高大接続の取り組み）

本校では岐阜大学の田村知子准教授及び教職大学院生が、本校のカリキュラムや授業風景をDVD等によって研究し、本校の参加型授業についての評価と提言を行う体制を取っている。

〈岐阜大の提言より〉

図6-11にあげるような、授業改善を「企画」「運営」「評価・広報」という3つ

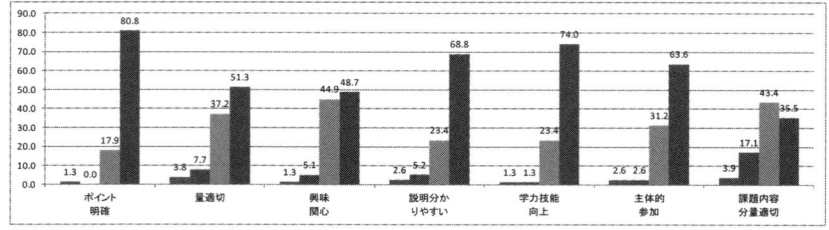

図6-10　授業アンケート（個票）

の部署に分け、職員全員が輪番で担う形にする。このことによって、教員一人一人が授業改善に関わっているという意識が芽生える。

さらに、それぞれの部署に、「学びの創造部」「学びの推進部」「学びの向上部」という生徒のセクションをつけ、生徒が積極的にカリキュラムマネジメントに関われる体制を作る(岐阜大学教職大学院(旭・市原・水野・今村),2014)。

②生徒による評価(トークセッション)

①の提言を受け、年度末に、「トークセッション」と題して、学年を超えた10人の生徒による授業改善やSSH活動についての自由討論を仕掛けた。活発な討議が繰り広げられ、傾聴に値すべき提言も多く出された。残念ながら、学校経営に反映するまでには至っていないが、このように生徒を巻き込んでの授業改善の取組は大きな可能性を秘めている。

```
3G  旭、市原、永野、今村
改善：より多くのチームで学校改善に取り組めるようにする
      子どもを信頼し、さらに子どもに任せられる部分を増やす
      子ども自身で評価基準と評価方法を決め、自己の伸びを味わえるようにする
      授業におけるつけたい力と出口をより明確にする
```

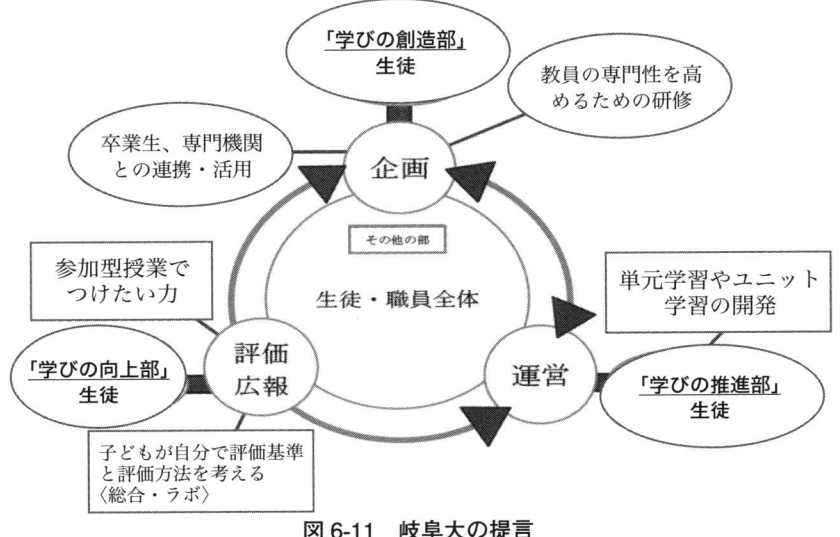

図6-11　岐阜大の提言

〈トークセッションで生徒から出された主な意見〉

「『生きる力』を身につけるということを考えたとき、1年生の段階から、先生がプリントを使って一方的に行う授業だけではなく、もっと生徒にまかせるような授業があってもいいのではないか。」

「小学校時代、謎の水溶液が与えられ、それが何であるかを、自分たちで試行錯誤して調べるという授業があった。それが今でもいい経験になったと思う。時にはそういう授業があってもいいのではないか。」

「科学は、『これだ！』と自分たちが原理を見つけた瞬間が楽しい。それに気づく前に先生に教え込まれると喜びが失われてしまう。」

「最初から正しいことを教えられるより、自分たちで試行錯誤する中で得ることや、間違いを経由することも大事。」

「楽しい、と思う気持ちが、明日も勉強しようという意欲や、発展的に考えようという気持ちに繋がる。」

「せっかく学ぶためのいいステージができても、自分たちが消極的だったら始まらない。」

(4) 「参加型授業」総体として生徒がどう変貌したかの評価

未履修問題発生以降の平成18年度から5年間(期間A)と、SSH・SDプラン・参加型授業が一体的に進められた平成23年度からの3年間(期間B)の2段階での状況の変化を見比べると、模試偏差値や大学実績数などについては有意な差は見いだせない。しかし、以下に示すように、学校満足度調査における、学校享受感、人間関係についての項目では顕著な右肩上がりの結果が見られている(図6-12を参照)。

(a)「本校に入学して良かった」　(b)「勉強が楽しい」

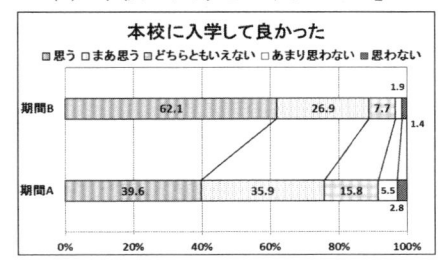

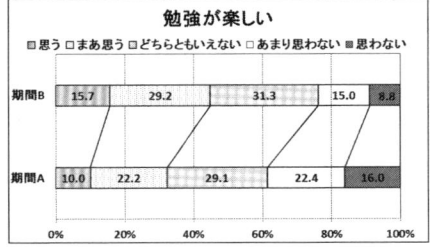

(c)「友人関係が良くなった」 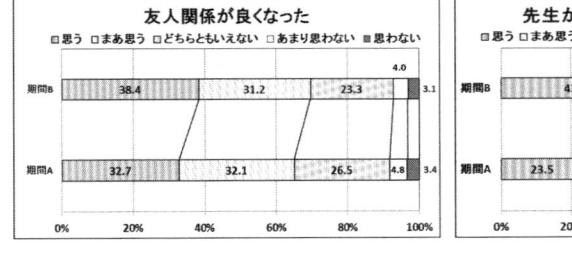　(d)「先生が親身になって指導してくれる」

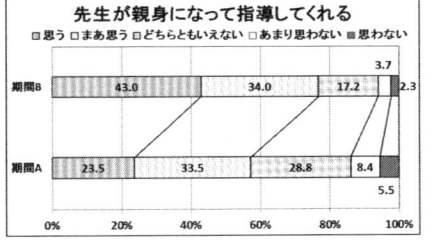

(e)「社会や人間の在り方について考えるようになった」

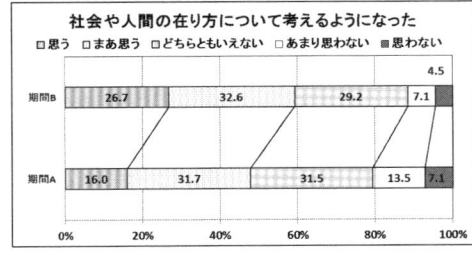

図 6-12　学校満足度調査の経年変化

第5節　おわりに──生徒の成績評価に溺れないために

　アクティブラーニングがやや前のめりともいえる状況で進められている今、懸念されるのは、「必ずグループワークを入れること」などといった、形式的

な手法だけが上意下達されていくことである。アクティブラーニングを組織的に進める際に共有すべきは、その理念や教師集団のマインドセットであり、授業手法ではない。そして、アクティブラーニング推進は、教師の自立性・創造性を損なう方向に行われてはならない。

　それは、評価においても同様である。現在、岩手県の高校教育では、観点別評価が本格的に展開されようとしているが、現場では、観点ごとに期末テストの設問をつくるのか、各観点の評点の割合はどうするのか、関心・意欲・態度の評価はどう数量化するのか、それはルーブリックなどで毎時間行うのか、ペーパーテスト以外の評価で説明責任が果たせるのか、等々の疑問や不安が噴出している。

　確かに、このような状況が進めば、ただでさえ多忙を極めている教師の疲弊感が増し、むしろ思考停止に追い込まれ、結局、本来目指すべきであった、生徒を主体的に動かす授業を考えることや、学力を可視化する授業をデザインすることがないがしろになるだろう。

　この章では、アクティブラーニングを学校ぐるみで行うための授業評価、カリキュラム評価について焦点を当てて書きすすめてきた

　が、本来、そのような評価は、個々の授業における生徒の学習評価にもとづいて行われるべきものでもある。

　教授パラダイムから学習パラダイムへと授業を転換していくとともに、それによって、生徒が成長している姿を正当に評価していくことが、アクティブラーニングが持続可能な取組になるために必要なことであろう。そのような意味で、この章で述べきれなかった学習評価の詳細や具体的実践例については、他の章を参照していただければ幸いである。

　学校現場では、キャリア教育、あるいは、いじめ問題や教育の質向上の取組にしても、学校内部に横たわる問題に学校外部の人間によってメスが入れられ、改革が進められるという流れがあった。そういう他律的なシステムが、特に公教育の、前年踏襲型で内向きの教育活動に拍車をかけているともいえるのではないだろうか。

そこで、盛岡三高の参加型授業を振り返ったとき、この取り組みが他県の学校関係者からも高い評価を得るほど軌道に乗ることができたのは、それが未履修問題に端を発し「生徒に時間を返す」という三高改革に進んだという、いわば、内発的な動機からの行動、つまり「自分たちの意思でアクティブラーニングを創る」「自分たちの言葉でアクティブラーニングを語る」というムーブメントだったからではないか。

　アクティブラーニングの推進の機運が高まる今、各高校が「育てたい生徒像に基づく学校ぐるみのアクティブラーニング」を展開することが、ドラスティックな社会の変化に対応する未来型の教育を築く一歩になるかもしれない。

> **まとめ**
> - アクティブラーニングは単なる学習定着率を高めるための工夫された授業ではなく、知識・技能だけにとどまらない「学力の三要素」を可視化し、評価と授業改善を一体的に行うという意図を持ったものであり、学校ぐるみで組織的に推進していかなければならない。
> - 盛岡三高の参加型授業の取組は、学校ぐるみのアクティブラーニングの1つのモデルとして提示されるものである。
> - アクティブラーニングは、個々の授業評価だけでなく、推進体制や、生徒がどう変容したかの評価も行う必要がある。
> - 生徒や外部機関も積極的にアクティブラーニングやその推進体制を評価し、運営に関わっていくことが求められる。
> - 盛岡三高型アクティブラーニングともいえる「参加型授業」の推進による学校改革の取組によって、学校力、教師の授業改善への意識、生徒の学校観・授業観が向上している。

引用文献

岐阜大学教職大学院「カリキュラム構成の方法論(科目担当：田村知子)提言レポート：旭・市原・水野・今村」(2014年度)

工藤倫子 (2015).「中学・高校におけるキャリア教育を考える『キャリア教育支援者養講座』」基礎編テキスト．

溝上慎一 (2014).『アクティブラーニングと教授学習パラダイムの転換』東信堂．

文部科学省HP(現行学習指導要領・生きる力)　参照日2015年7月1日　http://www.mext.go.jp

下町壽男 (2015).「教科の枠を超えた校内研修の推進」平成26年度(第58回)岩手県教育研究会発表資料．

● さらに学びたい人に

● 松下佳代(編著) (2010).『〈新しい能力〉は教育を変えるか―学力・リテラシー・コンピテンシー―』ミネルヴァ書房．
  ▶リテラシー、コンピテンシーといった、1990年代以降、先進諸国で盛んに掲げられるようになった〈新しい能力〉の概念や原理を、歴史的背景をふまえ批判的に読み解き、その教育的価値を見出しながら再構築し、教育改革の新たなビジョンを提起している。

● 田村知子 (2014).『カリキュラムマネジメント』日本標準．
  ▶「教師の多忙化」「教育内容の増加」など学校現場に横たわる課題を解決し教育目標を達成する試みである「カリキュラムマネジメント」についてわかりやすく説明し、筆者がリサーチした多くの学校の実践事例を紹介する中で、その具体的な進め方を提示している。

● 児美川孝一郎 (2015).『まず教育論から変えよう』太郎次郎社．
  ▶道徳教育、ゆとり教育、エリート教育、キャリア教育、大学改革に焦点を当てて「巷の教育語り」を分析・整理する中で、当事者(子ども・若者)が置き去りにされている現状を鋭く指摘し、では、どうすればよいのか、という筆者の「教育論」を展開している。

あとがき

　日本におけるアクティブラーニングは、高大接続改革と次期学習指導要領改訂の動きが本格化した2014年頃から、大きなブームとなって教育現場を席捲している。だが、さまざまな書籍や報告書を見ても、アクティブラーニングの成果をどう評価するかは、今後の課題とされていることが多い。本書は、コンパクトながら、アクティブラーニングの評価という課題に本格的に取り組んだ最初の一冊と言えるだろう。

　いちおう、第1章が理論編、第2〜6章が実践編となっているが、実践編の方でも、実践の背後にある理論や考え方が述べられており、理論と実践の壁は低い。

　第2・3章は大学の実践、第4・5・6章は高校の実践であり、また、実践の単位も、第2章は1つの授業科目、第3章は教員養成プログラム、第4章は英語という教科、第5章は総合、第6章は学校ぐるみのアクティブラーニングの取り組みというように、多様性を持つものとなっている。なるべく、多面的にアクティブラーニングの評価の姿を浮き彫りにするためである。

　全体を通して読んでみると、アクティブラーニングには、それ自体に評価のタネがさまざまな形で組み込まれていることに気づかされるだろう。

　まず、アクティブラーニング型の授業には、書く・話す・発表するなど、生徒・学生が自分の頭の中で考えたことを外化し、また外化する中で理解を深めていくという機会がたくさん仕組まれている。また、もう少し大きな単位(単元や授業科目、一定期間のプログラムなど)になると、さまざまな作品や実演を個人で、あるいは仲間と作りだし、そうした表現を他者と分かち合う機会もあ

る。他の生徒・学生や教員、ときには学校外の専門家や地域住民も含む他者から、自分(たち)の表現に対して与えられる感想や意見こそが、学びを進める大きな役割を果たす評価となる。

　アクティブラーニングは、生徒・学生を自分の学びと成長に責任をもつ主体として育てていくことをめざすものであるから、学習評価や教育評価に生徒・学生自身が参加することも、アクティブラーニングの評価として重要である。その参加の仕方も、ルーブリックなどの評価基準づくりに取り組むことから、授業評価や学校評価において意見表明していくことまで、多岐にわたっている。

　言うまでもなく、学校や大学には、生徒・学生の学習成果を認定し卒業資格を授与するという社会的機能があるので、そのための評定(成績づけ)も重要である。だが、評価が評定とイコールと捉えられたり、成績のための戦略的な浅い学習を呼び起こすものになったりしないようにするには、表現に対する応答(レスポンス)としての評価が学習の中に自然に組み込まれることが必要だろう。

　本書が、「アクティブラーニングの評価」の理論と実践が今後発展していくための、ささやかだが確実な一歩となれば、幸いである。

　　　　　　　　　　　　　　　　　　　　編者を代表して　　松下 佳代

索引

【アルファベット・数字】

Common European Framework of Reference for Language (CEFR) 71
OECD 7
PBL 11, 14, 95
SELHi 71
Sonobe Assessment Grid 71, 72
21世紀型コンピテンシー 7

【あ行】

アカウンタビリティ 17, 20
アクティブラーニング ⅲ, 3, 4, 45, 115-117
アクティブラーニングの推進体制の評価 119, 120
〈新しい能力〉 5
一般化可能性理論 35
岩手県立盛岡第三高等学校 115
インタープリテーション 106
ヴィジョン 51, 52
英語教育 69
教えから学びへの転換 6
オルタナティブ・アセスメント 27

【か行】

外部からの評価 131
学士力 26
学習指導案 125
学習成果 21
学習成果物の評価 103
学習としての評価 22, 26, 41
学習のための評価 22, 26
学習の評価 22, 26
学習評価 5, 18, 20, 40, 102, 108, 118, 125, 134
学習評価の構図 16
学習評価の4つのタイプ 18
学習レポート 30
学問する教師 51, 52
学問する経験 50-52
学力 5, 7, 10, 118, 119
学力の三層構造 6
学力の三要素 5, 10, 118
学力の質 51
学力評価 85
仮説実験授業 20
課題研究 94, 95, 98, 101
課題設定 107
課題探究力 49, 50, 55, 57
学校教育法 5
学校ぐるみのアクティブラーニング 123
学校設定科目 97, 98
学校満足度調査 132
カリキュラムマネジメント 131
環境学習 99
観察者効果 13
鑑識眼 15
間主観性 17, 27, 37
間接評価 16, 18, 21, 27
観点別評価 134

キー・コンピテンシー	7	言語活動	71, 123
機械的な作業	65	行為システム	8, 9
記述語	36	校外実習	99-101
客観テスト	18	校内研修	126
キャブレーション	17, 30	公開授業	124
キャリア教育	115	後期近代	5
旧来型授業	122	高次化の軸	9
教育評価	5, 12, 20, 21	高次の思考	10
教員養成	44	構成主義的整合性	4
教員養成スタンダード	44, 45, 52, 65	構成主義の学習観	5
「教科する (do a subject)」授業	51	高大接続	131
教師集団のマインドセット	134	高大接続答申	4, 5
教師の自立性・創造性	134	行動評価	103
教師の力量の5つの柱	49	行動目標	65
教授パラダイムから学習パラダイムへの転換	117, 134	公平性	27
教職課程	48	個人研究	111
教職課程ポートフォリオ	47, 48, 53	コピペ	33
教職課程ポートフォリオ検討会	63	ゴール	65, 66
教職実践演習	44, 45, 48, 49, 63, 64	コンセプトテスト	20
教職の高度化	52	コンセプトマップ	14
協働	6-9, 70, 128	コンピテンシー・ベース	46

【さ行】

協働型問題解決	121
協働的学習空間	79
京都大学の教員養成	47, 51
京都府立園部高等学校	69
工夫された授業	116, 117
繰り返し学習	101
グループ研究	107
群馬県立尾瀬高等学校	94
群馬県立中央中等教育学校	94
形成的評価	12, 13
研究レポート	30

採点	97
参加型授業	115, 120-124
思考を伴う実践	65
ジグソー法	127
自己コントロールの檻	22
自己調整	35, 40
自己評価	12, 19, 30, 31, 40, 41, 47, 53, 54, 56, 94, 102, 108-110
自己評価能力	22, 41
資質・能力	10, 46

自然環境科	98, 99, 106
実行可能性	27, 37
実践的思考	66
実践的指導力	44, 51
質の評価	16, 17, 18
質的転換答申	3
質問紙調査	16, 18, 20, 27
実力	46
習熟	90, 91
授業アンケート	129
授業課題	85
授業公開シート	124-127
授業で勝負する	121
授業動画コンテンツ	124
授業評価	118, 124
授業力向上研修会	124
熟達者	66
熟練度	66
情意	7, 103
情意形成	50
省察	11, 46, 63
情報レポート	104, 105
初年次教育	26, 28
人格的・情意的要素	9, 10, 12
深化の軸	9
真正性	70
診断的評価	13
信頼性	17, 27, 35, 36, 37, 39
心理測定学	27
スタンダード	19
成果にもとづく教育	27
成績評価	84, 103
生徒による評価	131
全人評価	22
セントラル・イースト・パーク中等学校	19
選抜	17
全米研究評議会（National Research Council）	7
総括的評価	12, 13
総合学習	11, 14, 121
総合的な学習の時間	94-96, 107
相互評価	102, 108, 110
育てたい生徒像	121, 135
卒業研究	19
卒業論文	11

【た行】

大学学習法	28, 29
大学から社会への移行	46
体験学習	98, 100
タイラー原理	
多角的な評価	22
妥当性	27
探究的な学び	51, 94, 95, 98, 107
チェックリスト	53, 54, 65
知識・技能	6, 10
知識・理解	34
チーム・ティーチング	103
長期的ルーブリック	19
直接評価	16, 18, 21, 27
つまずき	86, 87
つまずきを回避する工夫	86, 88
ディープ・アクティブラーニング	7, 8
ディベート	121
適応的熟達化	52
到達目標	45, 52, 65

【な行】

内容知	8, 9, 10
新潟大学歯学部	26
二重の階層性	9
認知システム	8-11
認知プロセスの外化	14
能動的な参加	70
能力(competence)	10
能力の階層性	7, 8
能力の三軸構造	6, 7

【は行】

パフォーマンス	116, 118, 122
パフォーマンス課題	11, 12, 14, 19, 69, 71, 76, 77, 85
パフォーマンス評価	14, 18, 19, 27, 40, 65, 66, 70, 71
ピア・インストラクション	20
比較可能性	27
筆記テスト	85
評価基準	15, 17, 27, 35, 112
評価指標	82, 85
評価者間信頼性	35
評価者トレーニング	37
評価主体	12
評価対象	11
評価のジレンマ	21
評価負担	35
評定	iii, iv, 3, 12, 50, 97, 98
フィールドノート	103, 104
プレゼンテーション(プレゼン)	106
プログラム評価	106
プロジェクト学習	14
プロセス評価	13
プロダクト(成果物)	13
プロダクト評価	13
文章表現力	34, 40
文脈	74, 91
ペーパーテスト	98
方向目標	52
方法知	8, 9, 10
ポートフォリオ	44, 47, 48, 53, 62, 63, 103, 110, 111
ポートフォリオ検討会	47, 48, 66
ポートフォリオ評価(法)	15, 18, 19, 27, 44, 47, 65

【ま行】

学び続ける教員	46, 50, 52, 66
学び直し	86-88
学びの主人公	66
学びの振り返り	53, 63
学びの履歴	63
見方・考え方	8, 66
未履修問題	121, 135
目指す生徒像	96, 97, 99
メタ認知	7
メタ認知システム	8, 9, 11, 12
目標(意図された学習成果)	5
目標の共有	102
モデレーション	17, 30
問題解決力	34, 40
問題探究的省察	52

【や行】

読む・聴く・書く・話す	69, 75
四技能	69

【ら行】

ライティング・ルーブリック　29, 30, 32, 34
履修カルテ　　　　45, 48, 53, 54, 56, 58
量的評価　　　　　　　　　　16, 17, 18
ルーブリック　15, 17, 19, 30, 34-36, 38, 46,
　　53, 56, 65, 66, 75, 79
レポート　　　　　　　　　　　　26, 28
レポート課題　　　　　　　　　　31-33
レポート評価　　　　　　　　26, 29, 36
論理的思考力　　　　　　　　　　34, 40

執筆者紹介

松下　佳代（まつした　かよ）(編者、第1章、第2章、あとがき)

小野　和宏（おの　かずひろ）(第2章)

新潟大学大学院医歯学総合研究科口腔保健学分野教授、新潟大学博士（歯学）。
新潟大学大学院歯学研究科歯学臨床系専攻博士課程修了。新潟大学歯学部助手、講師、助教授、また文部科学省短期在外研究員としてスウェーデンのマルメ大学歯学部への留学を経て、2005年より現職。専門は、口腔外科学、歯学教育学。主な著作に、「レポート評価におけるルーブリックの開発とその信頼性の検討」『大学教育学会誌』(35巻1号, 107-115頁, 2013、共著)、「PBLにおける問題解決能力の直接評価―改良版トリプルジャンプの試み―」『大学教育学会誌』(36巻1号, 123-132頁, 2014、共著)、「教室と現場をつなぐPBL―学習としての評価を中心に―」『ディープ・アクティブラーニング』(2015勁草書房、共著)など。

石井　英真（いしい　てるまさ）(編者、第3章、はじめに)

田中　容子（たなか　ようこ）(第4章)

京都大学教育学研究科特任教員、元京都府立園部高校指導教諭、京都大学修士（教育学）。
1980年より京都府立高校英語科教諭をつとめ、京都府立加悦谷高校、京都府立南丹高校を経て、現職。全国高等学校生活指導研究協議会会員、新英語教育研究会会員、日本教育方法学会会員、日本教育目標・評価学会会員。多様な学力層の学習者を包括して共に創れる授業のありかたを考え続けている。主な著作に「授業の中で関係性の構築を①②③④」『月刊学校教育相談』(2010年11月号, 70-75頁, 12月号, 52-55頁, 2011年1月号, 46-51頁, 2月号, 44-49頁)、「パフォーマンス評価を通じて学習への意欲を育てる」『パフォーマンス評価』(2011 ぎょうせい、共著)、「『逆向き設計』で柔軟な授業つくりを実現する」『教育目標・評価学会紀要』(22号, 26-34頁, 2012)、「授業を問う、18歳を市民に」『高校生活指導』(193号, 30-35頁, 2012)、『パフォーマンス評価で生徒の「資質・能力」を育てる』(2017学事出版、共著)など。

松井　孝夫（まつい　たかお）(第5章)

群馬県立中央中等教育学校教諭。
群馬県立西邑楽高等学校(1992～1997年)、群馬県立尾瀬高等学校(1997～2011年)を経て、2011年より現職。高等学校学習指導要領解説「総合的な学習の時間編」作成協力者(2008年～2009年)、学校における持続可能な発展のための教育(ESD)に関する研究実践協力者(2009年)、総合的な学習の時間における評価方法等の工夫に関する調査研究協力者高等学校(2010

年〜2012年)、全国高校生自然環境サミット指導委員会代表理事(2006年〜)、ぐんま環境教育ネットワーク代表理事(2004年〜)、奥利根自然センター尾瀬自然保護指導員(2001年〜)同運営委員会運営委員(2012年〜)。著書に、『持続可能な社会を創る環境教育論』(2015東海大学出版部、共著)など。

下町　壽男（しもまち　ひさお）（第6章）

岩手県立大野高等学校校長。
岩手県立盛岡第三高等学校(1996〜2004年)、岩手県立花巻北高校(2004〜2009年)等を経て県外派遣教諭として青森県立八戸西高校に勤務(2009〜2011年)。岩手県教育委員会学校教育室「学力・授業力向上担当」主任指導主事(2011〜2013年)、岩手県立盛岡第三高等学校副校長(2013〜2015年)を経て現職。担当教科は数学。2011年から授業改革と教員文化を変える取組を継続して行っている。著書に、『つながる高校数学―見方をかえれば、高校数学の全体像がわかる―』(2012ベレ出版、共著)。数学教育協議会会員。

【編者紹介】

松下　佳代（まつした　かよ）
　京都大学高等教育研究開発推進センター教授（大学院教育学研究科兼任）、京都大学博士（教育学）。
　日本教育学会、大学教育学会、日本カリキュラム学会、日本教育方法学会各理事、日本学術会議連携会員。専門は、教育方法学、大学教育学。とくに能力、学習、評価をテーマに研究と実践を行っている。主な著書に、『パフォーマンス評価』(2007日本標準、単著)、『〈新しい能力〉は教育を変えるか―学力・リテラシー・コンピテンシー―』（2010ミネルヴァ書房、編著）、『高校・大学から仕事へのトランジション―変容する能力・アイデンティティと教育―』(2014ナカニシヤ出版、編著)、『ディープ・アクティブラーニング―大学授業を深化させるために―』(2015勁草書房、編著)、『教職教養講座第9巻　発達と学習』(2017協同出版、編著) など。

石井　英真（いしい　てるまさ）
　京都大学大学院教育学研究科准教授、京都大学博士(教育学)。
　専門は教育方法学（学力論）。日米のカリキュラム研究、授業研究の蓄積に学びながら、学校で育成すべき資質・能力の中身をどう構造化・モデル化し、それらを実質的に実現しうるカリキュラム、授業、評価をトータルにどうデザインしていけばよいのかを考えている。主な著書に、『〔再増補版〕現代アメリカにおける学力形成論の展開―スタンダードに基づくカリキュラムの設計』(2020東信堂、単著)、『授業づくりの深め方』(2020ミネルヴァ書房、共著)、『教育学年報11　教育研究の新章』(2019世織書房、共編著)、『授業改善8つのアクション』(2018東洋館出版社、編著)、『今求められる学力と学びとは―コンピテンシー・ベースのカリキュラムの光と影―』(2015日本標準、単著)、『新しい教育評価入門―人を育てる評価のために―』(2015有斐閣、共著)、など。

シリーズ第3巻
アクティブラーニングの評価

2016年3月20日	初　版第1刷発行	〔検印省略〕
2016年9月20日	初　版第2刷発行	定価はカバーに表示してあります。
2017年7月20日	初　版第3刷発行	
2020年2月10日	初　版第4刷発行	

編者ⓒ松下佳代、石井英真　／発行者　下田勝司　　　　印刷・製本／中央精版印刷

東京都文京区向丘1-20-6　　郵便振替 00110-6-37828
〒113-0023　TEL (03) 3818-5521　FAX (03) 3818-5514
発行所　株式会社　東信堂
Published by TOSHINDO PUBLISHING CO., LTD.
1-20-6, Mukougaoka, Bunkyo-ku, Tokyo, 113-0023, Japan
E-mail: tk203444@fsinet.or.jp　http://www.toshindo-pub.com

ISBN978-4-7989-1347-6 C3337　　Ⓒ K. Matsushita, T. Ishii

溝上慎一監修 アクティブラーニング・シリーズ 全7巻
2016年3月全巻刊行　　　各A5判・横組・並製

① **アクティブラーニングの技法・授業デザイン**
　安永悟・関田一彦・水野正朗編
　　　152頁・本体1600円・ISBN978-4-7989-1345-2 C3337

② **アクティブラーニングとしてのPBLと探究的な学習**
　溝上慎一・成田秀夫編
　　　176頁・本体1800円・ISBN978-4-7989-1346-9 C3337

❸ **アクティブラーニングの評価**
　松下佳代・石井英真編
　　　160頁・本体1600円・ISBN978-4-7989-1347-6 C3337

④ **高等学校におけるアクティブラーニング：理論編（改訂版）**
　溝上慎一編
　　　144頁・本体1600円・ISBN978-4-7989-1417-6 C3337

⑤ **高等学校におけるアクティブラーニング：事例編**
　溝上慎一編
　　　192頁・本体2000円・ISBN978-4-7989-1349-0 C3337

⑥ **アクティブラーニングをどう始めるか**
　成田秀夫著
　　　168頁・本体1600円・ISBN978-4-7989-1350-6 C3337

⑦ **失敗事例から学ぶ大学でのアクティブラーニング**
　亀倉正彦著
　　　160頁・本体1600円・ISBN978-4-7989-1351-3 C3337

東信堂